UNION AGRICOLE D'AFRIQUE,

SOCIÉTÉ CIVILE DE COLONISATION

FONDÉE

Par Ordonnance royale du 8 Novembre 1846

RAPPORT

SUR L'ÉTAT ACTUEL DE LA COLONIE,

ET

SUR SON AVENIR.

> On ne viendra pas en Algérie pour être métayer; ce
> qui peut séduire, c'est de devenir propriétaire.
>
> DUC D'ISLY.

BESANÇON,

IMPRIMERIE DE SAINTE-AGATHE AÎNÉ.

—

1847.

Union agricole d'Afrique.

Besançon, le 21 août 1847.

Le Conseil d'administration à MM. les Actionnaires.

MESSIEURS,

Les Actionnaires de l'*Union agricole d'Afrique*, réunis à Lyon en assemblée générale, du 1er au 9 août 1847, ayant apporté, aux bases constitutives de la Société,
des modifications importantes, nous devons vous faire connaître les résultats de
leurs travaux.

1° Les statuts ont été revisés et modifiés pour donner au Directeur une plus
grande liberté d'action, sous la surveillance d'un Comité siégeant à Oran, qui
devra suivre toutes les opérations de ce dernier, et avertir s'il y a lieu le Conseil
d'administration. De cette manière, le Conseil d'administration n'interviendra plus
directement dans les travaux qu'il ne peut diriger ni surveiller convenablement à
la distance où il se trouve de la colonie. Il conservera seulement la direction morale
de l'entreprise.

2° L'assemblée a décidé que le Comité de surveillance siégeant à Oran serait
composé de douze membres ; elle a nommé membres de ce Comité :

MM.

1. Walsin-Estherazy, lieutenant-colonel, Directeur des affaires arabes.
2. Azema de Mongravier, capitaine d'artillerie, attaché aux affaires arabes.
3. Boyer, adjoint au maire d'Oran, membre de la chambre du commerce.
4. Vernet, inspecteur des douanes, membre de la commission administrative.
5. Terras, président de la chambre du commerce, membre de la commission
administrative.
6. Freix, membre de la chambre du com. et de la commis. administrative.
7. Andrieu, membre suppléant de la chambre du commerce.
8. Bonfort, membre de la chambre du commerce.
9. Duponchel, chirurgien militaire, attaché aux affaires arabes.
10. De Batsale, sous-inspecteur des douanes.
11. Viton, receveur principal des douanes.
12. Si-Haméda, mufti d'Oran.

3° Par suite de la démission collective des membres du conseil d'administration
de Lyon, l'assemblée a transféré à Besançon le siége de la Société, fixé à sept le
nombre des membres du Conseil, et nommé :

MM.

1. Renaud (Hippolyte), capitaine d'artillerie.
2. Ballard (Claude), capitaine du génie.
3. Grimes (Adolphe), capitaine d'artillerie.
4. Fachard (François), capitaine en retraite et propriétaire.
5. Langlois (Gabriel), avocat.
6. Besson (Auguste), avoué.
7. Ordinaire (Edouard), D. M., professeur à l'école de médecine.

Le nouveau Conseil d'administration a choisi M. Hippolyte Renaud pour président, désigné M. Charles Fanoy pour son secrétaire, et s'est déclaré constitué dans
une séance tenue à Besançon le 17 août 1847.

Dans la même séance il a décidé que le capitaine d'artillerie Henri Gautier, qui
a donné à la Société tant de preuves du dévouement le plus absolu, serait rétabli
dans ses fonctions de Directeur. Suivant le désir de M. Gautier, on lui adjoindra
M. Duval, ancien magistrat, pour l'administration, la correspondance et la comptabilité.

Nous devions, Messieurs, vous faire connaître ces détails administratifs avant d'appeler votre attention sur la colonie et sur les résultats obtenus dans une première et courte campagne, avec les faibles ressources dont la Société a pu disposer.

Aujourd'hui, des logements pour plus de 80 personnes, des baraques pour les chevaux et le bétail ont été élevés; des jardins ont été créés, des terres mises en culture, des vignes plantées. Une magnifique pépinière due aux soins intelligents du chef de ce service, présente 12,000 pieds d'arbres greffés ou prêts à l'être, 100,000 boutures, 200,000 pieds de semis. En un mot, la plus-value de la propriété dépasse le double des sommes consacrées à l'exploitation.

Malheureusement ces sommes ont été faibles, et si nous ne nous employions pas tous activement pour accroître les ressources de la Société, provoquer de nouvelles souscriptions, nous marcherions d'un pas bien lent. Le Gouvernement serait alors en droit de nous reprocher de ne pas proportionner nos efforts à la magnificence du présent qu'il nous a fait.

Car, les rapports puisés aux sources les plus diverses sont tous en parfait accord sur ce point, que le terrain qui nous a été concédé est la plus belle propriété de l'Algérie. Après avoir ajouté au canal principal de dérivation du Sig un canal de décharge et d'assainissement de plus de quatre lieues de longueur, l'État fait encore construire un long développement de canaux secondaires, qui sillonneront le sol en tous sens, et rendront irrigables, en toute saison, plus des trois quarts de notre vaste territoire, partout formé d'une terre végétale profonde et d'une extrême fertilité. N'est-on pas en droit d'attendre que nous répondions à ce bienveillant concours, en conduisant promptement à bien cette entreprise au terme de laquelle nous avons fait entrevoir la solution du grand problème de colonisation de l'Algérie.

Pour montrer leur dévouement à la cause commune, les membres du Conseil ont accepté une tâche pénible; une grande responsabilité. Leur confiance dans les Actionnaires leur en a inspiré le courage; cette confiance ne sera point trompée, et partout ils trouveront cette activité soutenue sans laquelle tous leurs efforts seraient radicalement impuissants.

Conformément à la décision prise en assemblée générale, et à l'article 19 des statuts, NOUS INVITONS CHAQUE ACTIONNAIRE A VERSER, SANS DÉLAI, LE SECOND CINQUIÈME DES ACTIONS QU'IL A SOUSCRITES.

A la suite de ce versement, nous expédierons les titres d'actions provisoires qui serviront en même temps de récépissé.

La présente circulaire est accompagnée 1° d'un exemplaire des statuts réformés; 2° de la liste générale des Actionnaires.

Le siége de la Société est à Besançon, rue Neuve n° 8. (*Affranchir.*)

Pour les Membres du Conseil d'administration :

Le Président, HIPP. RENAUD.

LISTE PROVISOIRE

Des correspondants et délégués auxquels on pourra s'adresser pour les souscriptions d'actions, versements de fonds, demandes de renseignements, etc.

FRANCE.

BESANÇON. Faney (Charles), secrétaire de l'Union, rue Neuve, 8.
BORDEAUX. Caseaux, de la Maison Joston et compagnie.
BREST. Feillet, lieutenant de vaisseau; Kerjegu, banquier.
CAHORS. Courbebaisse, ingénieur des ponts et chaussées.
CLERMONT. Guilleraut, contrôleur des contributions.
COLMAR. Griess, frères, négociants.
DIJON. Mourgue, agent-voyer en chef.
GRENOBLE. Guillot, capitaine d'artillerie.
LOCLE. Dubois, Williams, fabricant d'horlogerie.
LORIENT. Piriou, lieutenant de vaisseau, rue d'Orléans, n° 5.
LYON. Mademoiselle Aimée Beuque, rue du Commerce, 1; MM. Guyon et Olivier, banquiers, rue du Garet, 5.

Marseille. Spies, maître de pension, rue du Paradis, 113.
Metz. P. de Boureulle, capitaine d'artillerie.
Montpellier. Bouchet Douneuoq, propriétaire.
Nantes. Duchalard, ingénieur des ponts et chaussées.
Paris. Chevé (Emile), D. M., rue Saint-André-des-Arts, 60.
St.-Etienne. Tiblier, négociant.
Strasbourg. Pays, capitaine d'artillerie; Hect (Charles), directeur des assu-
   rances.
Toulon. Zurcher, enseigne de vaisseau.
Toulouse. Grenier, fabricant de meubles, rue St.-Antoine du T.

ALGÉRIE.

Alger. Juillet-Saint-Lager, capitaine d'artillerie.
Bone. Saiget, médecin en chef de l'hôpital militaire.
Constantine. Chambeyron, capitaine d'artillerie.
Mascara. Guillien, garde d'artillerie.
Mostaganem. Garnier, capitaine d'artillerie.
Oran. Walsin-Estherazy, lieutenant-colonel, Directeur des affaires arabes.
Philippeville. Ringer de la Lime, vérificateur des douanes.
Tlemcen. Auger, capitaine d'artillerie.

Les versements se feront :
1° En numéraire chez les correspondants et délégués du Conseil ;
2° En billets négociables à l'ordre de M. Ch. Faney, secrétaire du Conseil d'administration ;
3° En mandats sur la poste ;
4° Enfin les Actionnaires pourront autoriser le Conseil à tirer sur eux sans frais.

ORDONNANCE ROYALE DE CONCESSION.

LOUIS PHILIPPE, Roi des Français, à tous présents et à venir, salut :
Vu notre ordonnance du 21 juillet 1845, sur les concessions en Algérie ;
Vu notre ordonnance du 9 novembre 1845, sur le domaine ;
Sur la proposition de notre Ministre Secrétaire d'État de la Guerre,
Nous avons ordonné et ordonnons ce qui suit :
Article premier. La Société civile, dite l'UNION AGRICOLE D'AFRIQUE,
établie suivant acte notarié, passé à Lyon le 31 décembre 1845, est autorisée à
fonder une commune d'au moins trois cents familles européennes dans la province
d'Oran, sur la rive droite de la rivière du Sig, dans le voisinage du village de Saint-
Denis et du barrage récemment construit.
Art. 2. Il lui est fait, dans ce but, concession de trois mille cinquante-neuf
hectares, consistant en terres labourables, bois et broussailles, le tout délimité
comme au plan annexé à la présente ordonnance, savoir :
Au sud, le pied de la montagne depuis les ruines de Bordj-el-Abi jusqu'au ma-
rabout de Sidi-Abd-el-Kader-ben-Siam, la route de Mascara à Oran, et le pont
de l'Oued-Krouf.
A l'est, l'Oued-Krouf jusqu'à la hauteur du point F (gros caroubier) ; de cet
arbre une ligne droite de quatre mille quatre cent quatre-vingts mètres, arrivant
au point trigonométrique E.
Au nord, du point trigonométrique E, une ligne de cinq mille quatre cent soixante-
dix mètres, brisée au point D (gros caroubier), allant rejoindre le Sig à l'angle
ouest de la forêt traversée par cette rivière (point indiqué par un tombeau).
A l'ouest, le cours du Sig jusqu'au territoire du village de Saint-Denis, le territoire du village jusqu'au point B, et du point B une ligne droite de deux mille huit
cent dix mètres, jusqu'aux ruines de Bordj-el-Abi.
Art. 3. Ladite concession emporte, pour la Société, l'obligation d'accomplir les
conditions suivantes :
1° Établissement à demeure de trois cents familles européennes, dont les deux
tiers au moins françaises, formant un effectif de dix-huit cents à deux mille âmes ;
2° Édification des bâtiments d'habitation et d'exploitation nécessaires pour ces
familles, que la Société pourvoira également d'un matériel suffisant en bestiaux,
en instruments aratoires et autres moyens de travail ;

3° Mise en culture et en bon état d'entretien de toutes les parties de la concession qui en seront susceptibles;

4° Planter trente arbres fruitiers ou forestiers par hectare, avec la faculté de les distribuer à son gré sur l'ensemble des terres concédées;

5° Conserver en nature de bois les terrains où existent actuellement des traces d'anciens massifs, et effectuer dans ce but les travaux d'ensemencement, de recepage et d'aménagement nécessaires, en se conformant aux règlements forestiers;

6° Établir et entretenir sur la concession un troupeau de mille bêtes de race bovine, cent cinquante de race chevaline et trois mille de race ovine;

7° Bâtir des étables, des bergeries, des écuries et des hangars pouvant recevoir le nombre d'animaux ci-dessus déterminé;

8° Construire un moulin à farine, ainsi que des ateliers propres à la confection des outils et des instruments d'agriculture.

ART. 4. Un délai de dix ans est accordé à la Société pour l'exécution de ces diverses conditions, dont toutefois un tiers au moins devra être accompli dans le cours des cinq premières années.

ART. 5. A partir de la cinquième année révolue à dater de la promulgation de la présente ordonnance, la Société paiera à l'État une rente annuelle d'un franc par hectare.

ART. 6. Pour faciliter la réalisation de l'entreprise, l'État contribuera jusqu'à concurrence de la somme de cent cinquante mille francs aux travaux d'utilité générale, d'après des plans approuvés par l'Administration, tels que l'enceinte du village qui devra être faite dans le délai d'un an, les fontaines, lavoirs, abreuvoirs, les édifices publics, église, école, mairie.

ART. 7. Ces travaux, excepté l'enceinte qui pourra être faite par l'État, seront exécutés par la Société elle-même, qui sera tenue de les achever à ses frais, si l'allocation de cent cinquante mille francs ne suffit pas.

ART. 8. Ladite allocation sera délivrée au fur et à mesure de la marche des travaux et dans la proportion de la moitié des dépenses effectuées.

ART. 9. La propriété des eaux existant sur les terrains concédés appartiendra à l'État, conformément à ce qui a lieu en Algérie. La Société en aura l'usage, sauf à effectuer à ses frais les travaux d'entretien et de réparation des canaux et rigoles.

Elle jouira des eaux du Sig proportionnellement à l'étendue de la concession et d'après une répartition qui sera arrêtée par un règlement administratif.

Tous les projets de travaux qu'elle voudra exécuter pour faciliter l'usage desdites eaux, soit pour l'irrigation, soit comme forces motrices, devront être soumis à l'Administration, qui statuera.

ART. 10. Pendant le délai de dix ans, à partir de la délivrance du titre définitif de propriété, l'État ne sera tenu à aucune indemnité pour l'occupation des terrains dont il aura besoin pour travaux publics, tels que route, canaux d'irrigation, édifices d'utilité publique.

ART. 11. Tant que les conditions stipulées dans la présente ordonnance n'auront pas été remplies, la Société ne pourra échanger, aliéner ou hypothéquer tout ou partie des terres comprises dans la concession, sans l'autorisation préalable de notre Ministre Sécrétaire d'État de la Guerre, à peine de nullité desdites transactions.

ART. 12 Si, même avant l'expiration du délai de dix ans, la Société a satisfait aux conditions à elle imposées, elle pourra en demander la vérification, ensuite de laquelle la concession sera déclarée définitive, s'il y a lieu.

ART. 13. En cas d'inexécution dans les délais prescrits, de tout ou partie des conditions ci-dessus énoncées, il y aura lieu à la résolution de tout ou partie de la concession, suivant les faits constatés.

Cette résolution sera ordonnée, le cas échéant, conformément aux dispositions de notre ordonnance du 21 juillet 1845.

ART. 14. Toutes les contestations au sujet de l'exécution de la présente ordonnance seront réglées administrativement.

ART. 15. Notre Ministre Secrétaire d'État de la Guerre est chargé de l'exécution de la présente ordonnance.

Fait à Saint-Cloud, le 8 novembre 1846.

Signé : LOUIS-PHILIPPE.

Besançon, imprimerie de Ste.-Agathe.

STATUTS

DE

L'UNION AGRICOLE D'AFRIQUE.

NOTA. — Les Statuts de la Société, rédigés par acte passé devant M° Duchamp, notaire à Lyon, le 31 décembre 1845, ont été modifiés par l'Assemblée générale des Actionnaires dans sa séance du 8 août. Un extrait du procès-verbal contenant les révisions a été déposé dans les minutes du même notaire. — Pour une plus facile intelligence de leur teneur définitive, le Conseil d'administration les a fondus ici en un seul contexte, en distinguant par un astérisque les articles qui ont été modifiés.

Pardevant M° Pierre-Eugène DUCHAMP et son Collègue, notaires à Lyon, soussignés,

Ont comparu :

1° M. Fleury IMBERT, docteur en médecine, professeur à l'école de médecine, médecin à l'Hôtel-Dieu, demeurant à Lyon, place de la Charité, 7;

2° M. François GRILLET, chevalier de la Légion-d'Honneur, propriétaire et fabricant de châles, demeurant à Lyon, place Croix-Paquet;

3° M. Eugène DUMORTIER, négociant, demeurant à Lyon, rue des Augustins, 13;

4° M. Jean CADY, négociant, demeurant à Lyon, rue de Fargues, 4;

5° M. Alphonse MORELLET, avocat à la cour royale, demeurant à Lyon, place du Petit-Change, 164;

6° Mᴸᴸᵉ Louise-Aimée BRUQUE, demeurant à Lyon, rue du Commerce, 1;

7° M. César BERTHOLON, propriétaire, demeurant à Ternay, arrondissement de Vienne (Isère), cejourd'hui à Lyon;

8° M. Jacques-Maximilien REVERCHON, propriétaire-cultivateur, demeurant à Diemoz, arrondissement de Vienne (Isère), cejourd'hui à Lyon;

9° M. Félix BRUQUE, négociant, demeurant à Lyon, rue du Commerce, 1,

Agissant tant en son nom personnel que comme mandataire de :

1° M. Henri-Joseph GAUTHIER, capitaine au 12° régiment d'artillerie, détaché à la direction d'Oran, demeurant à Oran (Afrique française).

2° M. Louis-Joseph-Ferdinand WALSIN-ESTERHAZY, lieutenant-colonel au 2° régiment de spahis, directeur des affaires arabes de la province d'Oran, officier de la Légion-d'Honneur, demeurant audit Oran;

3° M. Claude-Hélène-Hippolyte RENAUD, capitaine d'artillerie, demeurant à Besançon (Doubs);

4° M. Adolphe-Joseph-Barthélemy GRIMES, capitaine d'artillerie en garnison à Besançon;

5° M. Guillaume-Jacques BALLARD, chirurgien en chef des hôpitaux militaires de Besançon et de Bourbonne, chevalier de l'ordre royal de la Légion-d'honneur, et chevalier de Charles III d'Espagne, demeurant à Besançon;

6° M. Joseph-Hubert-Edouard ORDINAIRE, docteur en médecine, demeurant à Besançon;

7° M. Marie-Gabriel LANGLOIS, avocat à la cour royale de Besançon, demeurant en ladite ville;

8° M. Charles-Christian Traut, agent-voyer en chef du département du Doubs, ingénieur civil des mines, demeurant à Besançon;

9° M. François Facuard, chevalier de l'ordre royal de la Légion-d'Honneur, propriétaire et capitaine en retraite, demeurant à Besançon;

10° M. Pierre Tixlier, négociant, demeurant à Berard, commune d'Outrefurens, près St.-Etienne (Loire);

11° M. Emile-Joseph-Maurice Cubvé, docteur en médecine, chevalier de la Légion-d'Honneur, ex-chirurgien de la marine royale, demeurant à Paris, rue St.-André-des-Arcs, 60;

Fondé des procurations spéciales aux effets ci-après, que les susnommés lui ont données aux termes d'actes dont les brevets originaux, dûment légalisés, sont demeurés ci-annexés, après avoir été par lui certifiés sincères et véritables, signés et paraphés en présence des notaires soussignés;

10° M. François Barbier, docteur en médecine, chirurgien en chef désigné de l'Hôtel-Dieu, demeurant à Lyon;

Agissant tant en son nom personnel que comme mandataire de :

1° M. Marie-Etienne-Emmanuel-Bertrand De Chabbon, capitaine au 7e bataillon de chasseurs d'Orléans, en garnison à Besançon;

2° M. Louis-Antoine-Casimir De Sainte-Agathe, imprimeur, adjoint du maire de la ville de Besançon, demeurant en ladite ville;

3° M. Jean-Henri Félix Randon de Grolier, lieutenant de vaisseau, chevalier de la Légion-d'Honneur, demeurant à Toulon;

4° M. Eugène-Corentin Belesuic, lieutenant de vaisseau, demeurant à Toulon;

5° M. Paul-Charles Peubeux de Boureulle, capitaine d'artillerie attaché à la place d'Avesnes, demeurant en ladite ville;

6° M. Pierre Guillot, capitaine d'artillerie, chevalier de la Légion-d'Honneur, demeurant à Grenoble;

7° M. Jules-Eugène De Lessan, lieutenant de vaisseau, embarqué sur la frégate l'Iphigénie, en rade de Brest;

8° M. Christophe Dubessey de Conterson, enseigne de vaisseau, embarqué sur la frégate l'Iphigénie, en rade de Brest;

9° M. Louis-Antoine-Victor Barthélemy, enseigne de vaisseau, embarqué sur la frégate l'Iphigénie, en rade de Brest;

10° M. Charles Méquet, lieutenant de vaisseau, embarqué sur la frégate l'Iphigénie, en rade de Brest;

11° M. Claude Ballard, capitaine du génie, demeurant à Conquet, arrondissement de Brest;

12° M. Louis-Ferdinand-Eugène Lecoak de Saint-Haouen, lieutenant de vaisseau sur la frégate l'Iphigénie, en rade de Brest;

Fondé des procurations spéciales aux effets ci-après, que les susnommés lui ont données aux termes d'actes dont les brevets originaux, dûment légalisés, sont demeurés ci-annexés, après avoir été par lui certifiés sincères et véritables, signés et paraphés en présence des notaires soussignés;

Lesquels,

Demandeurs en concession d'un terrain en Algérie, pour y fonder un village et contribuer par leurs efforts aux progrès de la colonisation de l'Afrique française, voulant accroître leurs ressources en faisant participer aux avantages de l'exploitation agricole et industrielle qu'ils veulent entreprendre les personnes capables de concourir par leurs capitaux, leurs lumières ou leur travail au succès d'une Association appelée à garantir d'une manière équitable les intérêts des travailleurs et ceux des capitalistes, ont arrêté de la manière suivante les statuts d'une

Société ayant pour but de construire et d'exploiter une commune agricole et industrielle sur un point du territoire de l'Algérie qui sera désigné par le Gouvernement français.

TITRE PREMIER.

Création, objet, principe, dénomination, siège, durée et constitution légale de la Société.

ART. 1er. Il y aura entre les sus-nommés et ceux qui adhéreront aux présents statuts par la souscription d'actions, une Société civile pour l'exploitation d'un terrain concédé en Algérie, conformément aux clauses et conditions qui seront imposées par l'Etat.

ART. 2. La Société sera basée sur l'unité indivisible de la propriété et sur l'association du capital et du travail; elle pourra cependant, selon les besoins et les circonstances, employer des travailleurs non associés et à salaire fixe.

ART. 3. La Société subsistera sous la dénomination de l'*Union agricole d'Afrique*.

ART. 4. Le siège de la Société, d'abord établi à Lyon, pourra être transféré dans une autre ville sur la décision de l'assemblée générale. La translation en Algérie ne pourra avoir lieu que sur la décision du conseil d'administration.

ART. 5. La durée de la Société sera de quatre-vingt-dix-neuf ans, à partir du jour de sa constitution légale.

ART. 6. La Société sera légalement constituée dès que la concession du terrain aura été accordée par le Gouvernement, et qu'il y aura pour trois cent mille francs d'actions souscrites. (*La concession a été accordée le 5 novembre 1845.*)

TITRE II.

Fonds social. — Apport.

ART. 7. Les concessionnaires apporteront à la Société tous les droits résultant, à leur profit, de la concession qui leur sera faite par l'Etat; il leur sera alloué en échange le nombre d'actions qui sera déterminé par l'article 9 (1).

ART. 8. Le fonds social sera de un million de francs, obtenus par l'émission successive de deux mille actions de cinq cents francs chacune.

Après que ces deux mille actions auront été émises, il pourra en être créé de nouvelles, soit dans le but d'augmenter le fonds social, soit pour représenter la plus-value de la propriété.

L'émission d'actions nouvelles dans le but d'accroître le fonds social ne pourra avoir lieu que sur la décision de l'assemblée générale des Actionnaires.

L'émission d'actions nouvelles pour représenter la plus-value de la propriété, aura lieu par décision du Conseil d'administration après l'inventaire annuel, dans une proportion telle que la valeur nominale de toutes les actions créées dans ce but, sera toujours inférieure au chiffre d'estimation de la plus-value, ainsi qu'il sera dit à l'article 73.

ART. 9. Sur les deux mille actions de fondation, il en sera attribué trois à chacun des concessionnaires, comme valeur représentative de la part de concession dont il fait l'apport à la Société, et à cause des obligations dont les concessionnaires seraient responsables envers l'Etat, dans le cas où la Société n'aurait pas rempli les charges imposées à la concession.

Mais tous les concessionnaires, dans une pensée d'intérêt général, renonceront

_____

(1) Tous les membres de l'administration nouvelle, en France et en Algérie, ont renoncé au bénéfice de l'article 9. Un certain nombre de concessionnaires se sont déjà prononcés dans le même sens.

pendant dix ans à l'intérêt fixe de leurs actions, voulant qu'il soit distribué en primes d'encouragement aux travailleurs associés, par le Conseil d'administration, sur les indications du Directeur.

Il sera encore attribué aux concessionnaires réunis douze actions dont ils se réservent de déterminer ultérieurement l'emploi dans un but d'intérêt général.

Art. 10. Chaque concessionnaire s'engage à prendre un certain nombre d'actions dont le minimum ne pourra être inférieur à deux : indépendamment, bien entendu, des trois actions auxquelles il a droit comme concessionnaire.

TITRE III.

Actions. — Actionnaires. — Transmission des actes.

Art. 11. Les actions, d'une valeur de cinq cents francs chacune, seront subdivisibles en coupons d'actions de cent francs et de cinquante francs.

Art. 12. Chaque action ou coupon d'action sera indivisible.

Art. 13. Les trois actions attribuées à chacun des concessionnaires porteront une mention constatant leur origine.

Art. 14. Les actions seront représentées par une inscription nominative sur les registres de la Société et porteront un numéro d'ordre.

Art. 15. Chaque action donnera droit à une part proportionnelle de la concession et de ses produits et bénéfices.

Art. 16. Les actions seront transmissibles par une déclaration de transfert inscrite sur les registres de la Société, signée du cédant et du cessionnaire ou de leurs fondés de pouvoirs. Cette déclaration sera visée par deux Administrateurs.

Art. 17. Les Actionnaires ne pourront faire aucune transmission de leurs droits avant l'expiration des trois mois qui suivront la constitution légale de la Société.

Art. 18. Les actions seront payables au siège de la Société, ou dans la colonie, entre les mains du Trésorier.

Art. 19. Les Actionnaires verseront un cinquième de leurs actions dans le mois qui suivra l'ordonnance de concession, à moins que le Gouvernement n'exige ce versement d'avance, auquel cas celui-ci aura lieu dès que le Conseil d'administration en aura donné avis aux Actionnaires. Les quatre autres cinquièmes seront versés d'année en année, à partir de la même époque; mais le Conseil d'administration pourra, en cas de nécessité, décider que les époques de paiement seront plus rapprochées, sans que cependant l'intervalle des versements de chaque cinquième puisse être moindre de six mois.

Art. 20. Les titres d'actions ne seront délivrés aux Actionnaires que lors du paiement du dernier cinquième. Jusque-là il ne sera délivré que des récépissés provisoires visés par deux Administrateurs.

Art. 21. Dans le cas où un Actionnaire n'effectuerait pas un versement à l'époque fixée, il sera mis en demeure de l'effectuer dans un mois, passé lequel délai il pourra être, sur la décision du Conseil d'administration, déchu de sa qualité d'Actionnaire. Dans ce cas, les sommes déjà versées par lui demeureront acquises, en principal et en accessoires, à la Société, à titre de dommages-intérêts. — Alors il sera créé, en remplacement des actions annulées, de nouvelles actions qui porteront les mêmes numéros et profiteront à la Société jusqu'à ce qu'elles soient placées. Mention du tout sera faite sur les registres.

Art. 22. A l'exception d'une somme de trente mille francs qui pourra être conservée en caisse pour les dépenses courantes, toutes les sommes reçues en espèces seront déposées chez le banquier de la Société pour être couvertes, d'après la décision prise par le Conseil d'administration, en valeur d'une réalisation facile et portant intérêt.

Art. 23. Les Actionnaires seront divisés en trois catégories, savoir: 1° celle des colonisateurs, dont la liste sera dressée conformément à l'article 26;

2° Celle des colons travailleurs;

5° Celle des commanditaires.

Cette division n'impliquera de distinction entre les Actionnaires que quant à la faculté de concourir à l'administration.

Art. 24. Les Actionnaires de la première catégorie pourront être seuls nommés aux fonctions de membres du conseil d'administration.

Art. 25. Le droit de faire partie des deux premières catégories est un privilège personnel qui ne se transmet pas de plein droit avec le titre.

Art. 26. Tout Actionnaire nouvellement admis sera classé dans la deuxième catégorie, s'il est colon travailleur; dans la troisième, s'il est simple commanditaire. Il pourra, dans les deux cas, sur sa demande et sur le rapport du Conseil d'administration, être porté à la première catégorie. Les Actionnaires de cette première catégorie voteront seuls pour l'admission des nouveaux. Les droits des nouveaux élus ne s'ouvriront qu'après la clôture des séances de l'assemblée dans laquelle ils auront été admis.

Art. 27. L'Actionnaire commanditaire qui aura été agréé comme travailleur, passera de la troisième dans la deuxième catégorie.

Les travailleurs associés non encore Actionnaires, mais qui le deviendront en participant à la plus-value de la richesse sociale, seront alors placés dans la deuxième catégorie, pourvu qu'ils continuent à résider dans la colonie; dans le cas contraire, ils deviendront simples commanditaires.

Tout Actionnaire de deuxième catégorie qui cessera pour un motif quelconque de résider dans la colonie, sera reporté dans la troisième catégorie.

Art. 28. La faillite, la déconfiture, le décès, l'incapacité juridique d'un Actionnaire ne pourront amener dans aucun cas la dissolution de la Société, qui ne pourra non plus avoir lieu sur la demande de un ou plusieurs Actionnaires que dans le cas prévu par l'article 82.

Art. 29. La qualité d'Actionnaire emportera de droit élection de domicile au siége même de la Société, pour tout ce qui concernera ses rapports avec ladite Société.

Art. 50. Chaque Actionnaire ne sera engagé et responsable que jusqu'à concurrence du montant intégral des actions dont il sera titulaire. — Les concessionnaires resteront seulement engagés vis-à-vis du Gouvernement français à l'exécution des conditions imposées à la concession.

TITRE IV.

De l'Administration de la Société.

Art. 51. L'Administration de la Société se composera: 1° d'un Conseil d'administration; 2° d'un Directeur; 5° d'un Comité de surveillance.

1° DU CONSEIL D'ADMINISTRATION.

Art. 52. Le pouvoir supérieur dans la Direction morale des affaires appartiendra au Conseil d'administration.

Art. 55. Le nombre des membres dont le Conseil se compose sera de plus en plus considérable, au fur et à mesure du développement de la Société. Ce nombre sera fixé par l'assemblée générale de chaque année. Dans aucun cas le Conseil ne pourra être composé de moins de sept membres.

'Art. 54. Le Conseil exercera ses fonctions au siége même de la Société. — Tant que ce siége sera en France, le Conseil pourra se faire représenter dans la colonie par un ou plusieurs délégués pris dans son sein ou en dehors de lui, et auxquels il donnera les pouvoirs nécessaires, se réservant le droit de les leur retirer à volonté et en toute occasion.

'Art. 55. Les attributions générales du Conseil d'administration consistent à représenter la Société en France à titre de commission permanente de l'Assemblée générale. Il entre en rapports officiels avec les pouvoirs publics ; entretient des relations suivies soit avec le Directeur, soit avec le Comité de surveillance ; reçoit les rapports de l'un et de l'autre ; tient les registres de comptabilité centrale ; transmet au siége de la colonie les fonds qui sont nécessaires ; provoque le versement du prix des actions ; veille à l'exécution des statuts et les complète par des règlements. Il exerce en un mot la haute direction de la Société, sauf en ce qui touche l'organisation et l'exécution des travaux de la colonie et des opérations qui en dépendent.

'Art. 56. Le Conseil pourra, dans tous les cas où il le jugera convenable, convoquer une assemblée générale des Actionnaires.

'Art. 57. Le Conseil se réunira au moins une fois par mois ; les décisions seront prises à la majorité des voix, mais il ne pourra délibérer que si la moitié des membres sont présents. En cas de partage, la voix du Président sera prépondérante.

Art. 58. Le Conseil sera élu dans l'assemblée générale annuelle par les Actionnaires de la première catégorie seulement, à la majorité absolue des voix présentes ou représentées, et renouvelé par tiers environ, chaque année. Les deux premières années, le tiers sortant sera pris au sort ; les années suivantes sortiront les membres qui auront fonctionné pendant trois années consécutives. Les membres sortants seront rééligibles.

Art. 59. Les membres du Conseil ne pourront être choisis que parmi les Actionnaires de première catégorie.

'Art. 40. En cas de décès, retraite ou incapacité civile d'un de ses membres, le Conseil pourvoiera à son remplacement jusqu'à la prochaine assemblée générale, qui devra procéder, à l'égard du nouvel élu, comme pour les autres membres sortants.

'Art. 41. Le Conseil s'adjoindra un Secrétaire rangé par son grade dans une des classes de colons travailleurs, et ayant des appointements fixes à titre de minimum et une part dans les bénéfices.

2° DU DIRECTEUR.

'Art. 42. Le Directeur est l'agent exécutif supérieur de la Société ; il exécute les décisions prises par le Conseil d'administration, organise le travail, règle l'emploi des travailleurs, et les conditions de tout genre de l'exploitation ; étudie les projets qui sont de nature à être soumis au Conseil d'administration ou à l'assemblée générale.

'Art. 43. Il engage tous les colons, fixe leur grade et leur classe ; il peut congédier tout travailleur non associé ou modifier sa position de sa seule autorité ; il ne peut congédier un travailleur associé ou le faire descendre de grade ou de classe qu'après avoir pris l'avis du Conseil d'ordre dont il sera question ci-dessous. Le Conseil d'administration arrête, de concert avec le Directeur, le tableau des emplois et des classes et des traitements qui y sont attachés.

'Art. 44. Il règle les comptes, passe les marchés, achats, ventes pour les choses mobilières, de sa seule autorité, à la condition de ne pas dépasser les crédits ouverts par l'assemblée générale : il ne peut acheter, vendre ou échanger des propriétés immobilières que du consentement du Conseil d'administration, qui ne pourra, sous sa responsabilité personnelle, dépasser les crédits à ce affectés.

*Art. 45. Le Directeur enverra tous les trois mois au Conseil d'administration, un rapport détaillé sur la situation de la colonie, et lui fournira, dans l'intervalle, les renseignements qui seront demandés. Il fournira aux mêmes époques un tableau général de la situation financière qui sera visé et certifié conforme aux pièces comptables par un membre du Comité de surveillance.

*Art. 46. Le Directeur sera assisté pour toutes les mesures importantes d'un Conseil d'ordre, formé des chefs de divers services et d'un nombre égal de colons travailleurs élus par les colons eux-mêmes. Procès-verbal sera dressé des séances de ce Conseil, dont les décisions seront simplement consultatives. Un règlement particulier dressé par le Directeur, de concert avec le Conseil d'administration, déterminera l'organisation du Conseil d'ordre, qui fonctionnera aussi comme Conseil de discipline.

*Art. 46 bis. Le Directeur sera nommé et révoqué par le Conseil d'administration. En cas de mort, de retraite ou d'incapacité naturelle ou légale, le Comité de surveillance nommera, sous sa responsabilité, un Gérant provisoire, et rendra compte immédiatement au Conseil d'administration.

3° DU COMITÉ DE SURVEILLANCE.

*Art. 47. Le Comité de surveillance siégera à Oran. Le nombre de ses membres sera fixé par l'assemblée générale, sans qu'il puisse descendre au-dessous de neuf. Il se réunira au moins une fois par mois. Les décisions seront prises à la majorité des voix, mais il ne pourra délibérer que si plus de la moitié des membres sont présents. En cas de partage, la voix du Président sera prépondérante. Le Secrétaire pourra être rétribué d'après les mêmes principes que celui du Conseil d'administration.

*Art. 47 bis. Les attributions du Comité sont : de suivre les travaux de la colonie et de surveiller les opérations du Directeur : tous les mois, un de ses membres reconnaîtra les lieux, visera les registres et pièces de comptabilité et les divers marchés et contrats; il vérifiera la caisse. Le Directeur ne pourra refuser communication d'aucune pièce administrative ou comptable, ni s'opposer au visa qui attestera seulement la connaissance que le Comité a prise des pièces. Le rapport du délégué et les observations du Comité seront transcrits sur un registre. Le Comité pourra faire, par écrit, des observations au Directeur, qui agira cependant suivant son opinion et sous sa responsabilité.

*Art. 48. Quand le Comité jugera que la marche de la Direction est contraire aux statuts, aux vues des fondateurs et aux intérêts de la Société, il pourra mettre en demeure le Conseil d'administration de convoquer une assemblée générale des Actionnaires, qui statuera contradictoirement d'après les rapports du Comité de surveillance et du Conseil d'administration.

*Art. 49. Pour que le Comité soit suffisamment éclairé dans l'exercice de ses fonctions, il pourra demander communication de toutes les pièces propres à faire connaître la situation de l'entreprise et la marche de l'Administration.

*Art. 50. Les membres du Comité de surveillance seront élus pour trois ans et renouvelés par tiers chaque année. Pendant les deux premières années, le sort désignera les membres sortants; ils pourront être réélus. Ils seront nommés par les Actionnaires des trois catégories, à la majorité absolue des voix présentes ou représentées; ils pourront être choisis parmi tous les Actionnaires indistinctement.

TITRE V.

Du Trésorier.

ʼArt. 51. Le Trésorier tiendra la caisse sociale; il sera chargé de tous les paiements et de toutes les recettes. Tant que le capital social ne sera pas entièrement souscrit, la responsabilité de la caisse est à la charge du Directeur, dont le Trésorier n'est qu'un des agents.

ʼArt. 52. Il sera nommé par le Conseil d'administration qui fixera son traitement et déterminera, de concert avec le Directeur, la quotité du cautionnement ou le nombre d'actions qu'il devra posséder.

TITRE VI.

Des assemblées générales.

ʼArt. 53. Il y aura tous les ans, un mois environ après l'inventaire, une assemblée générale des Actionnaires; la convocation en sera faite quarante jours au moins avant l'époque fixée pour la réunion. La lettre de convocation sera accompagnée de la liste des Actionnaires, mentionnant la catégorie à laquelle chacun d'eux appartient. L'assemblée se tiendra au siège même de la Société, par le Conseil d'administration ou par le Comité de surveillance.

ʼArt. 54. L'Actionnaire absent pourra se faire représenter à l'assemblée générale par un fondé de pouvoirs, pourvu que celui-ci soit Actionnaire et d'une catégorie égale ou supérieure à celle de l'Actionnaire représenté. Le Directeur ne pourra représenter les Actionnaires de deuxième catégorie.

ʼArt. 55. Le nombre des voix de chaque Actionnaire en assemblée générale est proportionnel à la quantité d'actions qu'il possède, conformément au tableau suivant:

1 voix par action jusqu'à 4;
1 — par 3 — de 5 à 25;
1 — par 5 — de 26 à 50;
1 — par 10— de 51 à 100;
1 — par 20— au-delà de 100.

Le délégué ajoutera aux voix qu'il possède par lui-même les voix qu'auraient possédées ses commettants s'ils eussent été présents. Toutefois, le même délégué ne pourra cumuler plus de 25 voix en sus des siennes propres. Les porteurs de coupons pourront en les réunissant compléter un nombre entier d'actions et jouir à l'assemblée générale du nombre de voix correspondant.

ʼArt. 56. Les Actionnaires des trois catégories auront le droit de voter à l'assemblée générale, sauf l'exception consacrée par l'article 58. Les décisions seront prises à la majorité absolue des voix présentes ou représentées, et seront valables quel que soit le nombre des membres présents, sauf l'exception réservée aux articles 57 bis et 81.

ʼArt. 56 bis. Le bureau provisoire, composé du Président du Conseil d'administration et de quatre Scrutateurs, qui seront les deux plus jeunes et les deux plus âgés des membres présents à l'ouverture de la première séance, vérifiera les titres et délégations d'après le tableau des Actionnaires ayant versé les cinquièmes échus; lequel tableau sera arrêté par le Conseil dix jours avant l'ouverture de la session. L'assemblée procédera ensuite à la formation du bureau définitif.

Art. 57. L'assemblée ainsi constituée prononcera en dernier ressort sur les réclamations présentées contre les décisions du bureau provisoire. Ensuite elle entendra, 1° le compte-rendu du Directeur sur la marche et l'état de la Colonie; 2° le rapport du Conseil d'administration sur la situation de la Société; 5° les communications du Comité de surveillance. Le Directeur et le Comité de surveillance devront être présents ou représentés.

L'assemblée discutera les comptes de l'année échue; arrêtera le budget de l'année suivante; appréciera les opérations de l'année, et délibérera sur toutes les questions d'un intérêt général.

Enfin elle procédera au renouvellement du Conseil d'administration et du Comité de surveillance. Les Actionnaires de première catégorie voteront seuls pour la composition du premier, et arrêteront la liste des opérations de l'année suivante.

'Art. 57 bis. Les décisions de l'assemblée seront prises à la majorité absolue des voix présentes ou représentées, quel qu'en soit le nombre, sauf en cas de révision des statuts, lesquels ne pourront être modifiés que sur la proposition du Conseil d'administration, du Directeur ou du Comité de surveillance, par la majorité absolue des voix représentant toutes les actions émises.

TITRE VII.

Des Ouvriers et Employés.

Art. 58. Les travailleurs, ouvriers et employés de toute sorte, seront tous, autant que possible, attachés à l'entreprise en qualité d'Associés. — La Société n'admettra de travailleurs salariés et non associés que dans des cas exceptionnels.

Art. 59. Pour être associés, les travailleurs devront être Actionnaires ou membres d'une famille dont le chef sera lui-même Actionnaire et travailleur.

Art. 60. Lorsqu'un travailleur agréé par le Directeur ne pourra pas, à son entrée dans la Société, verser le montant du titre d'action qu'il aura dû souscrire, l'avance pourra lui en être faite. Elle sera portée sur son compte personnel et remboursée par lui à la fin de l'année, lors de la répartition et du règlement des comptes de chaque Associé.

'Art. 61. Les travailleurs non associés n'auront droit qu'au salaire qui leur aura été promis. — Les travailleurs associés, au contraire, outre un minimum fixe de subsistance, auront la chance des bénéfices prévus aux articles 74 et 75.

La Société garantit en tout temps au travailleur associé un travail correspondant au minimum de subsistance.

Le travailleur associé qui voudra se retirer avant la répartition du dividende, ou qui aura été congédié par décision du Directeur, après délibération du Conseil d'ordre, n'aura droit qu'au minimum pendant le temps passé dans la colonie. Il perdra le droit de participer aux autres bénéfices.

Art. 62. Les travailleurs seront appelés successivement par le Directeur, dans la proportion des travaux à exécuter.

'Art. 63. Chaque travailleur conviendra avec le Directeur du salaire ou du minimum de subsistance qui lui sera alloué, selon les divers genres de travaux auxquels il sera employé.

Art. 64. Chaque travailleur, ouvrier, employé ou Directeur, aura un compte ouvert pour son logement, son habillement, sa nourriture, le soin de ses enfants en bas âge, etc.

Chaque femme et chaque enfant au-dessus de sept ans aura aussi son compte à part.

Art. 65. Les travailleurs, en cas de maladie, seront traités et soignés dans une infirmerie commune, aux frais de la Société. Quant à ceux qui voudront être traités dans leur logement personnel, il ne leur sera fourni aux frais de la Société que les visites du médecin et des médicaments.

ART. 66. Une retraite sera garantie par la Société à tout travailleur devenu infirme à la suite d'une blessure ou d'une maladie résultant de la nature même des travaux auxquels il aura été employé, ainsi qu'au travailleur affaibli par l'âge qui sera resté au service de la Société pendant un nombre d'années qui sera fixé par les règlements.

La retraite sera accordée par le Conseil d'administration, sur la proposition du Directeur.

ART. 67. Cette retraite sera proportionnée, 1° à l'incapacité plus ou moins absolue de travail, 2° à l'âge du travailleur, 3° à la durée de son service actif dans la colonie, 4° à l'importance des services qu'il aura rendus et à celle des fonctions qu'il remplissait au moment d'obtenir sa retraite.

ART. 68. Les enfants des familles dont le chef habitera la colonie seront élevés jusqu'à l'âge de sept ans aux frais de la Société, quant à ce qui concerne le logement dans les salles communes, telles que crèches, dortoir, salle d'asile, et l'instruction de la première enfance; les frais de nourriture, d'allaitement non maternel et d'entretien d'habillements seront portés au compte du chef de famille. — Au-dessus de sept ans, il sera ouvert à chaque enfant un compte personnel comme aux autres travailleurs; l'excédant de sa dépense sur le produit de son travail sera porté au compte du chef de famille.

ART. 69. Des enfants autres que ceux des familles dont le chef habitera la colonie pourront y être admis, comme pensionnaires jusqu'à l'âge de sept ans, et comme travailleurs au-dessus de cet âge, à des conditions équivalentes à celles stipulées dans l'article précédent, et qui seront arrêtées de gré à gré entre le Directeur et la personne qui présentera l'enfant.

ART. 70. L'organisation des travaux sera l'objet d'un règlement spécial.

TITRE VIII.

Classement de la Propriété et Répartition des Produits.

ART. 71. Outre les immeubles, tout le mobilier d'usage commun aux Associés résidants, le matériel d'exploitation, le bétail, les valeurs en caisse, le fonds de réserve, etc., seront la propriété collective de tous les Actionnaires.

ART. 72. Tous les Associés participeront aux bénéfices de la Société dans la proportion de leur concours en capital, travail et talent, et auront droit non-seulement au partage du revenu annuel, mais aussi à la plus-value du fonds industriel primitif.

ART. 73. Chaque année, à l'époque la plus convenable, il sera procédé à un inventaire général ayant pour but de constater les bénéfices annuels dans chaque branche d'opérations et dans leur ensemble.

Les bénéfices sont de deux sortes : 1° les bénéfices en espèces, 2° ceux en améliorations.

1° Les bénéfices en espèces ou qui sont destinés à être prochainement convertis en espèces consistent dans tous les profits de culture, fabrication, vente de denrées et de marchandises, etc. Dans cette classe de bénéfices entrent les avances faites aux colons en logement, nourriture, vêtements, etc. On y fait figurer pour ordre les avances en argent.

2° Les bénéfices en améliorations consistent dans la plus-value résultant de l'augmentation qu'ont reçue pendant l'année le territoire et le matériel primitif, ou fonds industriel primitif de la colonie, soit en acquisition de terrains, soit en constructions nouvelles, soit en améliorations ou additions aux troupeaux, cultures, plantations, défrichements, machines, meubles; soit en accroissement de futaies qui ne se coupent qu'à des périodes éloignées. Pour l'estimation de cette seconde classe de bénéfices, la Société pourra avoir recours à une expertise confiée à des personnes non intéressées dans les opérations de la colonie.

Art. 74. Sur les bénéfices de la première classe, il sera prélevé dans l'ordre suivant : 1° la somme nécessaire pour couvrir les dépenses générales; 2° s'il y a lieu, l'intérêt fixe des actions émises; 3° s'il y a lieu, la somme destinée à former le fonds de réserve.

1° Les dépenses générales comprennent les contributions, redevances et charges imposées par l'Etat; les intérêts dûs en cas d'emprunt contracté par la Société; le remboursement ou l'amortissement de toute dette sociale; les achats extérieurs, et enfin le minimum de subsistance garanti aux travailleurs associés, ainsi que le salaire assuré aux travailleurs non associés. En cas d'insuffisance du rendement, les dépenses générales seront couvertes par les fonds provenant du versement des actions ou par ceux de la réserve.

2° L'intérêt fixe des actions émises sera de 5 %. Si l'excédant des bénéfices sur les dépenses générales est insuffisant pour servir l'intérêt fixe, il sera tenu compte au crédit de chaque Actionnaire des parties de cet intérêt qui n'auraient pas été payées. Ce crédit sera prélevé ultérieurement, et avant toute répartition de bénéfices, sur l'excédant des recettes par rapport aux dépenses générales; seulement ces intérêts arriérés ne produiront point d'intérêt.

3° Le prélèvement pour le fonds de réserve sera fait conformément à l'article 78.

Après ces trois prélèvements, le reste du revenu formera les bénéfices nets de répartition proportionnelle; ces bénéfices nets seront partagés en deux lots : l'un des deux tiers pour le travail et le talent réunis : l'autre de un tiers pour le capital. Le premier sera partagé entre les travailleurs associés, au marc le franc des sommes perçues par chacun d'eux à titre de minimum; le second sera partagé entre les Actionnaires, au marc le franc des sommes perçues par chacun d'eux à titre d'intérêt fixe.

Art. 75. Si l'inventaire constate une augmentation du fonds primitif, il sera émis des actions, suivant le principe établi par l'art. 8, pour une valeur nominative égale aux quatre cinquièmes de cette augmentation. Ces actions, dont un certain nombre sera au besoin divisé en coupons, seront vendues aux enchères, action par action, coupon par coupon, et le prix de la vente sera divisé en deux lots. L'un des deux tiers pour le travail et le talent réunis, l'autre de un tiers pour le capital, qui seront partagés comme il est dit à l'article précédent.

Art. 76. Les intérêts et dividendes seront payés en Afrique au lieu même de la Colonie, ou en France au siége de la Société, au choix des Actionnaires, qui devront faire connaître leur option au moins un mois à l'avance.

TITRE IX.

Fonds de réserve.

Art. 77. Il sera créé un fonds de réserve destiné à subvenir aux dépenses extraordinaires nécessitées par un sinistre ou par l'insuffisance du rendement, dans le cas prévu par l'article 74. Ce fonds ne pourra être employé en partie ou en totalité que d'après une décision prise par l'assemblée générale des Actionnaires.

Art. 78. Pour former le fonds de réserve, il sera prélevé chaque année sur les bénéfices de première classe, après le prélèvement des dépenses générales et celui de l'intérêt fixe, comme il a été dit à l'article 74, une somme dont la quotité sera fixée par le Conseil d'administration, mais qui, autant que possible, ne sera pas au-dessous de 10 °/₀ de la somme sur laquelle la retenue sera opérée. Cette retenue pourra être moindre ou même nulle, lorsque le fonds de réserve aura atteint le chiffre de cinq cent mille francs.

'Art. 79. Les fonds de réserve seront placés de la manière la plus convenable par le Conseil d'administration.

Art. 80. Les intérêts du fonds de réserve seront versés dans la caisse sociale et figureront au chapitre général des recettes.

TITRE X.

Dissolution de la Société. — Arbitrage.

Art. 81. L'assemblée générale pourra, sur la proposition du Conseil d'administration ou du Comité de surveillance, en cas de perte des trois quarts du fonds social, prononcer la dissolution de la Société. Cette dissolution ne pourra être prononcée qu'à la majorité absolue des voix représentant toutes les actions émises.

Art. 82. Dans le courant de la quatre-vingt-dix-huitième année, les Actionnaires seront convoqués extraordinairement à l'effet de délibérer sur le renouvellement de la Société, pour une seconde période dont ils fixeront la durée.

La décision sera prise à la majorité absolue des voix présentes ou représentées.

Dans le cas où la majorité optera pour la dissolution, la liquidation sera faite comme il est dit à l'article suivant.

Art. 83. A l'expiration de la Société, ou en cas de dissolution, la liquidation sera faite par le Directeur et un membre du Conseil d'administration, assistés par le Comité de surveillance, ou par deux arbitres nommés l'un par le Conseil d'administration, l'autre par le Comité de surveillance.

Art. 84. En cas de contestation entre les membres de la Société ou entre la Société et les Actionnaires, soit pendant sa durée, soit à son expiration, soit à cause de la liquidation, il sera statué par un tribunal arbitral composé de deux membres nommés par les parties ou par M. le président du tribunal civil dans le ressort duquel se trouvera le siége de la Société, à la requête de la partie la plus diligente. En cas de partage, les arbitres dont il est question dans cet article et dans l'art. 83, choisiront un tiers arbitre. Ce tribunal arbitral ainsi composé prononcera comme amiable compositeur en dernier ressort, sans appel, recours en cassation, ni requête civile.

TITRE XI.

Dispositions transitoires et supplémentaires.

Les articles 85, 86, 87, 88, 89, sont supprimés.

Art. 90. La Société demandera l'autorisation de se transformer en Société anonyme aussitôt après la concession du terrain obtenu. En attendant cette autorisation, elle existera sous la forme qu'elle se donne par le présent acte.

'Art. 91. Tous les pouvoirs nécessaires sont donnés au Conseil d'administration à l'effet de convertir la présente Société en Société anonyme; pour rédiger, d'après les bases indiquées ci-dessus, l'acte constitutif de ladite Société; y introduire telles modifications qui seraient jugées nécessaires par lui; demander l'approbation de la formation de la Société anonyme par ordonnance royale. Le projet des statuts de la Société anonyme devra être soumis à la discussion en assemblée générale, sauf révision définitive par le Conseil d'Etat.

Besançon, imprimerie de Sainte-Agathe.

RAPPORT DU CONSEIL D'ADMINISTRATION

DE

L'UNION AGRICOLE D'AFRIQUE

SUR

L'ÉTAT ACTUEL DE LA COLONIE ET SUR SON AVENIR.

Jusqu'à ce jour la Colonie de l'Union Agricole d'Afrique a peu entretenu le public d'elle-même, de ses travaux et de ses projets. Les fondateurs voulaient éviter jusqu'à l'ombre de ce charlatanisme d'annonces et de réclames qui ne peut procurer qu'un succès de vogue, bientôt suivi d'un juste retour de l'opinion. Cette réserve a été telle, que même à l'égard des actionnaires, avec lesquels cependant de fréquents rapports eussent paru si légitimes, une simple circulaire a suffi pour inaugurer le nouveau Conseil d'administration et ouvrir la seconde campagne.

Aujourd'hui qu'une année entière écoulée, depuis l'ordonnance royale de concession, permet de donner aux prévisions la base de l'expérience, nous ne croyions pas que la loyauté nous commandât les mêmes scrupules, et nous nous mettions en mesure d'organiser un système de correspondance officielle, lorsqu'un fait grave est venu nous confirmer dans nos desseins et en hâter l'accomplissement.

Des conversations tenues par un personnage des plus éminents de l'Algérie, trop haut placé pour que ses paroles puissent paraître irréfléchies ou passer inaperçues, nous ont appris que la féodalité financière se propose de confisquer à son profit la concession que nous avons obtenue, Sans nommer la maison de banque qui nourrit ce projet, nous l'indiquerons suffisamment en disant qu'elle est connue à la fois dans le Midi et à Paris par l'opulente prospérité de ses affaires.

Le procédé est simple. On a su que, sur les 2,000 actions du fonds social, 700 seulement sont souscrites. On prendra les 1,300 actions restantes en déboursant pour les deux cinquièmes exigibles 260,000 fr., garantis amplement par une terre qui vaut des millions. Cela fait, on aura la majorité dans l'assemblée générale, on s'emparera de l'affaire, on livrera à la spéculation et au morcellement une entreprise qui, dans l'esprit

1

des fondateurs, devait être consacrée à un essai sérieux du principe d'association.

Il n'y a pas à se rassurer sur cette prévoyante disposition des statuts qui réserve aux actionnaires de première catégorie la nomination du Conseil d'administration. Si la majorité des actionnaires et le Conseil entraient en lutte, le Conseil fléchirait bientôt, l'expérience l'a montré récemment. D'ailleurs les statuts mêmes seraient modifiés par la majorité qui en retrancherait toute clause contraire à ses vues.

Le danger est grave, et il est imminent. Le plan que nous dévoilons existe. Fût-il abandonné par la maison de banque qui l'a conçu, il serait repris par ceux qui convoitent notre magnifique concession, et le nombre en est grand en Algérie, peut-être même en France.

Il est donc urgent d'aviser : aussi le Conseil d'administration s'adresse-t-il en ce jour à tous ceux qui se sont associés à notre entreprise, à tous ceux qui la suivent du cœur comme une heureuse tentative de l'esprit d'association, pour leur poser franchement ces questions :

Vous qui êtes fiers d'avoir organisé quelque chose de grand sans députés, sans pairs, sans banquiers, sans aucun des grands noms du monde des affaires, par le seul ascendant de la confiance que vous inspirez, par le concours d'honnêtes et modestes capitaux, aujourd'hui, à la veille du triomphe, voulez-vous livrer le terrain à ceux dont vous n'avez pas voulu subir le patronage l'an dernier, au moment le plus difficile de la lutte?

Vous qui avez fondé sur les résultats certains des premières avances l'espoir de légitimes profits, de richesses noblement créées par le travail, vous convient-il de vous laisser déposséder par l'habileté des faiseurs d'affaires?

Vous qui voyez dans la prospérité de notre Colonie le salut de l'Algérie, et pour la France la force incalculable que lui donnerait sa conquête, vivant de sa propre sève, vous convient-il de laisser anéantir ce patriotique espoir au profit de ceux pour qui l'Algérie n'est qu'une proie nouvelle à dévorer?

Et vous qui avez salué dans notre œuvre le signal d'une ère nouvelle, parce que, en associant le capital au travail, nous devons rallier les races et les classes, concilier toutes les tendances progressives de l'humanité, vous convient-il de laisser s'éteindre, comme des rêves, ces radieuses espérances, parce qu'il plaît aux seigneurs de la finance de souffler sur elles?

Nous tous enfin qui avons engagé nos amis à s'associer à nos efforts et en avons lancé plusieurs au sein même de l'Afrique, où ils usent leur santé dans les rudes labeurs d'une difficile organisation, nous sied-il de les abandonner, et d'abandonner avec eux ces travailleurs qui, en acceptant pour salaire un *minimum* de subsistance, nous ont livré leur travail, quelques-uns leurs humbles ressources?

Voilà en quelques lignes toute la situation. La voici en quelques mots. Quand on a, littéralement et sans métaphore, défriché, labouré, semé, planté, n'y aurait-il pas sottise insigne à laisser à d'autres le grain et le fruit?

Ce ne sont pas, il faut bien l'espérer, les actionnaires de l'Union qui feront cette faute ; s'ils ont jusqu'à ce jour hésité sur la mesure de la confiance qu'ils doivent à la Colonie, qu'ils lisent ce simple exposé.

Le Sol, les Eaux, le Climat.

L'étendue de la concession est fixée, par ordonnance royale du 8 novembre 1846, à 3,059 hectares, c'est-à-dire près de deux lieues carrées (1,600 hectares font une lieue carrée), le septième environ de la magnifique plaine du Sig dans la province d'Oran.

La qualité du sol est bien exprimée par le proverbe arabe : *Avec de l'eau, sur les terres du Sig, on ferait pousser des cailloux.* Pour le prouver nous n'invoquerons ni nos impressions personnelles, ni le témoignage de nos amis : nous préférons rappeler, comme non suspect d'enthousiasme, le témoignage officiel de M. Mercier, aujourd'hui directeur de l'intérieur dans la province d'Oran, chargé l'an dernier du rapport sur notre demande en concession.

« Les terres qui composent la concession demandée, disait-il devant » la Commission consultative d'Oran, sont, en presque totalité, d'une » qualité supérieure, même en Algérie, et il n'est pas une parcelle qui ne » soit au moins égale aux bonnes terres à blé de France. La profondeur du » sol végétal est inconnue : le lit du Sig, qui dans certains endroits a plus » de dix mètres de profondeur, n'en atteint pas la limite. Pas un palmier » nain n'existe sur cette surface qui, a presque toujours été cultivée par » des indigènes; des broussailles épineuses se trouvent sur quelques par- » ties; mais nécessaires pour les premières clôtures, pour les fours à chaux » et même pour les usages domestiques, le produit indemnisera suffi- » samment les concessionnaires des frais d'extraction. Un bois de tamarins, » que je dois manifester le regret d'avoir vu dépouiller de ses plus beaux » arbres par les colons et les soldats, existe sur le territoire dont il rompt » l'uniformité un peu monotone; et qu'il protége en partie contre les » vents du nord et du nord-ouest. Enfin, condition admirable, unique » en Algérie, le canal de dérivation de la rive droite déverse les eaux du

» Sig sur la moitié de ce vaste territoire (1). Ajoutons que le climat de la
» plaine du Sig est sain, que l'ardeur du soleil y est tempérée par les
» vents de la mer auxquels la baie d'Arzew donne passage; constatons que
» cette plaine, traversée par la route d'Oran à Mascara dont elle partage
» la distance, trouvera dans le port d'Arzew un moyen d'écoulement
» rapproché pour ses produits, de même que des facilités précieuses dans
» le principe, surtout pour les importations de bois de construction, de
» fers, de houille, de denrées coloniales, etc. Ajoutons encore que
» cette plaine féconde, le véritable cœur de la province, est limitrophe
» de la forêt de Muley-Ismaïl, et l'on appréciera l'avantage d'une con-
» cession de plus de trois mille hectares de terres cultivables dans une
» pareille situation.

» J'ai cru devoir entrer dans ces détails, parce qu'il faut bien que le
» gouvernement se rende compte des avantages que possède la con-
» cession demandée, et qu'il ne se dessaisisse de ce gage qu'en faveur de
» concessionnaires présentant les garanties les plus complètes de mo-
» ralité, d'intelligence, de ressources financières et de bonne gestion.

» La Société qui se présente me paraît réunir ces conditions. Composée
» d'hommes honorables et éclairés, qui ont pour but l'application d'une
» grande idée plutôt que l'intérêt du lucre; armée contre la spéculation
» effrénée de notre époque de moyens qu'elle puisera dans le texte même
» de ses statuts; puissante par le nombre de ses membres qui sont autant
» de propagateurs de ses principes, forte aussi par l'union, son symbole et
» sa loi, qui ne cessera pas, je l'espère, de présider à ses destinées, cette
» réunion d'hommes solidaires me paraît offrir au gouvernement des ga-
» ranties en rapport avec la grandeur de l'œuvre qu'elle entreprend. »

Le barrage, dont il est question dans le rapport précédent, est peut-
être le plus beau monument de l'Algérie. Il arrête le Sig à sa sortie des
montagnes, déverse ses eaux dans un canal de dérivation, et livre à la
plaine tout le débit de la rivière. Le canal de dérivation qui suit la partie
supérieure de notre territoire, a déjà plus de 8 kilomètres de longueur; il
forme une artère principale sur laquelle s'embranchent des canaux secondaires, les uns déjà creusés, les autres en cours d'exécution. Au moyen
de ces travaux exécutés par l'Etat, les colons, en ouvrant à la pelle quelques rigoles, en établissant quelques vannes, distribueront les eaux sur
toutes les terres à irriguer.

Dès cette année nous avons largement usé de ces heureuses dispositions, qui nous permettent d'arroser toute la partie de nos terres situées
au-dessous du canal, c'est-à-dire la majeure partie de la concession.

(1) Les canaux secondaires créés depuis permettent d'arroser la presque totalité.
(*Note du Conseil.*)

Quant aux terres supérieures au canal, elles sont loin d'être stériles. La profondeur, la qualité du sol permettent de les consacrer à toutes cultures, spécialement à celles qui demandent peu d'humidité. L'olivier, la vigne, l'amandier, le figuier, y réussissent parfaitement ; les Arabes y récoltent depuis longtemps, sans fumier, l'orge et le blé. Il ne faut pas d'ailleurs renoncer à l'espoir de trouver, dans les flancs de la montagne, des sources qui permettraient d'irriguer tout le coteau.

Nos droits à la jouissance des eaux du Sig nous sont assurés par l'ordonnance de concession, et la quantité d'eau qui nous revient est plus que suffisante à la parfaite irrigation de tout notre territoire.

« Nous pensons, dit M. le capitaine du génie de Vauban dans un rapport » officiel, qu'on ne peut assigner au Sig, pendant ses crues, un débit déter- » miné ; mais, qu'en temps ordinaire, on peut admettre, sans erreur » sensible, qu'il est de quatre mètres cubes d'eau par seconde, c'est- » à-dire 345,600 mètres cubes en 24 heures. »

La salubrité du climat est en rapport avec ces belles conditions. Situés au pied des montagnes, à grande distance des marais qui forment l'embouchure du Sig et de la Macta, nous n'avons pas à craindre pour nos colons ces exhalaisons mortelles qui font de la Mitidja le cimetière des Européens ; si en 1846 des cas graves de fièvre se sont manifestés, la cause bientôt connue a aussitôt cessé, et avec elle la maladie : elle était due à l'imprudence des Arabes, qui avaient répandu dans leurs terres les eaux du canal, qui, faute d'écoulement, étaient restées stagnantes. Mais sur les ordres immédiats du Gouverneur, un canal d'assainissement a été creusé, à travers notre territoire et bien au-delà, sur une longueur de 10 à 12 kilomèt., de manière à prévenir désormais toute stagnation des eaux.

Ce que nous venons de dire sur les propriétés de notre sol, suffira pour faire comprendre qu'on ait le désir de nous enlever une concession qui est proclamée, unanimement, la plus belle de l'Algérie.

Caractère de la Concession.

Tout en faisant ressortir, comme le commande la justice, la munificence du gouvernement à notre égard, il convient, dans un moment où les concessions algériennes sont l'objet de débats irritants, d'établir le vrai caractère de la nôtre.

Les 3,059 hectares nous sont accordés à la condition d'appeler sur le sol de la concession, trois cents familles européennes (1,800 à 2,000 âmes). On nous donne donc 10 hectares seulement par famille, moins qu'on n'accorde généralement aux familles isolées.

Plus tard une indemnité de 150,000 fr. nous sera payée, pour la construction des édifices publics. C'est 500 fr. par familles, moins qu'il n'est donné partout ailleurs.

Villages civils, colonies militaires, trappistes, fermes isolées ont obtenu des secours plus considérables, et nous n'aurions pas accepté une charge aussi lourde avec des indemnités si modestes, si nous n'avions compté sur la puissance productive, sur les propriétés économiques de l'association.

En constatant ce fait, nous n'avons pas pour but de méconnaître la générosité du gouvernement, de discuter notre reconnaissance; mais nous voulons mettre notre concession hors de toute suspicion.

Qu'il soit donc bien compris que nous n'avons pas ce qu'on appelle, en terme de spéculateurs, une grande concession; mais seulement un groupe de petites concessions devant appartenir à autant de familles, liées entre elles par un contrat qui rend la propriété collective, non pour le revenu, mais pour l'exploitation.

Que si quelques-uns trouvent encore que l'Etat nous fait trop d'avantages, qu'ils prennent parmi les actions qui nous restent, ils jouiront des mêmes faveurs.

Travaux exécutés.

A cette propriété, don de l'Etat, nous avons imprimé déjà l'empreinte et la sanction de notre travail.

Ceux qui n'ont jamais lutté avec les difficultés d'une œuvre quelconque, agricole ou industrielle, qui s'imaginent qu'hommes et animaux, récoltes et maisons naissent par enchantement; ceux qui croient que les Colonies se fondent et s'organisent en quelques mois, pourraient bien s'étonner de ne trouver à l'état de culture que des surfaces qui semblent perdues dans l'immensité de la plaine. Il a été peu fait sans doute, si l'on considère ce qui reste à faire; mais il a été beaucoup fait si l'on se rapporte à la courte durée de la possession, à la modicité des ressources, et surtout aux difficultés tout-à-fait exceptionnelles qui ont paralysé nos efforts. Pour s'en convaincre que l'on parcoure avec nous par la pensée les travaux exécutés.

De vieilles ruines mauresques ont été relevées et servent aujourd'hui à l'habitation de la Direction, aux ateliers de forge et maréchalerie, de charronnage et menuiserie, ainsi qu'au logement de quatre chefs de service. On y a disposé un dortoir pour quinze personnes, des écuries pour des chevaux, des cours pour les troupeaux. En ce moment on y prépare une chambre à un Français qui a trouvé l'Union un lieu de plaisance assez agréable pour en faire sa station de chasse pendant l'hiver. Les constructions ont coûté environ 15,000 fr.

A la naissance de la plaine, à quelques minutes de distance des ruines, on a élevé des baraques pour le logement provisoire des premiers colons.

Elles peuvent recevoir cinq ou six familles et une quarantaine de célibataires réunis dans deux dortoirs. Toutes les pièces de service s'y trouvent en nombre et dimension convenables; cuisines, four, buanderie, magasins, caves, écuries, étables, greniers, hangars, tous les services agricoles trouvent là leur place, comme aux ruines tous les services industriels. Il a été dépensé pour ces constructions environ 18,000 fr.

Nous avouons sans peine que ces constructions sont peu grandioses, et que même il y a çà et là quelques gouttières. La chambre du Directeur est privilégiée sous ce rapport.

Il nous eût été facile, comme à certains, de bâtir des façades, des maisons plus ou moins élégantes, qui eussent fait dire aux passants : Voilà des colons sérieux ! Voilà des gens qui implantent la civilation sur la terre africaine! Nous honorons, certes, comme il convient, les cafés et les boutiques ; mais nous n'avons voulu faire rien d'aussi splendide. Nos habitations, toutes provisoires, devaient être des abris plutôt que des logements. Et puis nous savions que l'énergie de l'âme est un ressort plus puissant que le bien-être matériel, et que nos colons accepteraient sans répugnance une gêne temporaire pour eux-mêmes, si leurs bestiaux étaient bien portants, leurs champs bien cultivés, leur jardin bien fourni. Nous avons réservé, pour la production agricole et industrielle, la meilleure partie de nos ressources en bras et en argent.

Ces ressources ont été distribuées jusqu'à ce jour sur sept opérations. 1° Le jardin ; 2° la pépinière ; 3° les céréales ; 4° les vignes ; 5° les bestiaux ; 6° les ateliers ; 7° les fourrages. Quelques mots sur chacun de ces objets.

1° Nous en aurons dit assez sur les jardins, si nous annonçons qu'ils rapportent, dès aujourd'hui, par année, dix mille francs de bénéfice net, en outre de la consommation du personnel. Ceci n'est pas seulement une espérance. La difficulté de mener de front les grandes opérations d'une vaste culture et les soins minutieux du jardinage, a décidé le Directeur à louer pour trois ans le jardin à celui qui, l'ayant travaillé et planté, en connaissait le mieux toutes les ressources. Le bail a été conclu au prix de 200 fr. par semaine, payables d'avance, soit 10,400 fr. par an. Il faut assurément qu'il ait été fait quelque chose pour qu'un homme d'une incontestable habileté, et bien informé, ait engagé à ces conditions toute son existence.

2° Pour la pépinière, qui n'est pas encore en rapport, mais qui le sera l'an prochain à des conditions non moins avantageuses, nous emploierons une autre mode d'appréciation, ce sera la simple énumération des plants qu'elle contient.

Détail de la Pépinière de l'Union.

—•→›‹›‹›‹○※○›‹‹‹‹‹—

Situation au 2 novembre 1847.

I. Arbres greffés et en place.

Pieds.
60 Abricotiers.
4 Amandiers.
48 Pêchers.
68 Cerisiers.
74 Pruniers.
450 Poiriers.
500 Pommiers.
9 Noyers.
4 Châtaigniers.
2150 Mûriers.
——
3167

II. Espèces d'arbres et arbustes mis en place.

40 Groseillers en grappe.
50 Framboisiers.
65 Espèces de vigne.
46 Espèces pour le vin.
48 Noisetiers.
250 Peupliers d'Italie.
40 Peupliers suisses.
320 Acacias blancs.
50 Bellombra.
45 Emelia azéderak.
46 Sophora du Japon.
8 Chèvrefeuilles (8 variétés).
——
988

III. Arbres en pépinière, propres à être greffés de suite.

750 Poiriers.
550 Pommiers.
2400 Amandiers.
550 Pruniers.
800 Coignassiers.
1200 Abricotiers.
600 Pêchers.
——
6850

IV. Plants à mettre en pépinière.

5000 Grenadiers.
200 Oliviers.
8000 Peupliers d'Italie.
——
11200 A reporter.

Pieds.
11200 Report.
2000 Saules pleureurs.
2000 Saules ordinaires.
50 Osiers dorés.
50 Osiers rouges.
800 Peupliers blancs de Hollande.
30000 Vignes de différentes esseures.
500 Figuiers.
800 Mûriers.
500 Acacias.
600 Ormes.
600 Frênes.
200 Triacanthos.
400 Celtis australis.
200 Vernis du Japon.
400 Poiriers francs.
——
49900

V. Boutures à mettre en pépinière de suite.

10000 Grenadiers.
10000 Oliviers.
40000 Peupliers d'Italie.
30000 Saules pleureurs.
5000 Saules ordinaires.
200 Osiers dorés.
200 Osiers rouges.
8000 Peupliers blancs de Hollande.
10000 Vignes de différentes essences.
2000 Figuiers.
——
115400

VI. Pourettes à mettre en pépinière de suite.

600 Peupliers d'Italie.
15000 Chênes verts.
8000 Chênes suberts.
8000 Chênes coryferas.
40000 Acacias triacanthos.
4000 Caroubiers.
600 Bois de Judée.
600 Pommiers francs.
2000 Pruniers.
2000 Acacias blancs.
50 Ormes de la Samaritaine.
——
80850

VII. Plants de toutes espèces, dont partie à mettre en place, et partie à mettre en pépinière.

Pieds.
5000 Bellombra.
50 Herculea, feuille de platane.
200 Emolia cedræ.
4 Indigo argenté.
500 Noyers.
10 Catalpas.
2 Sorbiers des oiseaux.
600 Mimosa Julibrisia.
10 Mimosa de Constantinopl.
60 Colytea.
10 Grenadiers.
40 Mimosa de Farnaise.
15 Astea.
50 Genets d'Espagne.
15 Noyers d'Amérique.
——
4146

VIII. Petites boutures à mettre en pépinière de suite.

50000 Peupliers d'Italie.
20000 Vignes.
——
70000

Ce qui sera fait en outre à la fin de mars.

—

IX. Arbres en place.

5000 Bellombra.
4000 Peupliers.
1000 Mûriers.
400 Acacias.
2000 Saules.
——
10400

2 hectares seront remplis de boutures.
5 hectares seront remplis de pourettes.

De nouveaux envois nous sont annoncés de Lyon et de Marseille, qui compléteront notre riche collection, de la beauté de laquelle nous ne dirons rien, sinon qu'elle fait l'admiration de tous les visiteurs, et que notre jardin, entièrement nu il y a moins de dix mois, est aujourd'hui couvert de beaux pieds d'arbres de 3 à 4 mètres de haut. La végétation est telle que nos colons ont pu cueillir cet automne du raisin sur des vignes qu'ils avaient plantées l'hiver dernier. Quant au nombre des plants, il dépasse nos besoins, et dès aujourd'hui nous pouvons vendre sans appauvrir notre pépinière.

3° Nous emploierons la même méthode pour les cultures dont voici l'état au 20 novembre 1847. Il ne faut pas perdre de vue que les travaux agricoles sont beaucoup plus retardés en Algérie qu'en France, parce qu'ils ne commencent qu'avec la saison des pluies. Cependant l'Union a devancé cette année avec succès l'époque ordinaire, et elle est sous le rapport des cultures la plus avancée de toute l'Algérie.

Etat des Cultures.

50 hectares étaient labourés au 22 novembre, sur lesquels sont déjà ensemencés :

24 h.	» a.	en orge.			
1	25	en colza.	Semis sur orge et colza.	9 h.	en luzerne.
1	26	en lin.		6	en sainfoin.
»	60	en pois.		2	en trèfle.
2	»	en pommes de terre.		17 h.	en prairie artificielle.
29	11				

Ces cinquante hectares représentent le travail de cinq semaines ; il nous reste encore quatre fois ce temps : ce sera donc, même en n'augmentant pas nos ressources en bêtes de trait (ce qui serait déplorable), 200 hectares qu'il nous serait possible de labourer, en tout 250. Il est probable, d'ailleurs, que sur les terres arrosables nous pourrons labourer toute l'année, ce qui étendra beaucoup nos surfaces cultivées. Il n'est pas inutile de dire ici que nous possédons un matériel complet d'agriculture, pour une ferme organisée sur la plus grande échelle, et que nous n'avons plus à faire en ce genre que des dépenses d'entretien.

Autour de ces travaux, faits par nos propres colons, nous devons signaler aussi un certain nombre d'hectares de terres, cédés momentanément pour être mis en culture, soit à des Européens, soit à des indigènes, et à des conditions diverses.

En attendant que notre colonisation embrasse toutes les surfaces concédées, nous devons préférer à l'inculture la culture arabe même, tout imparfaite qu'elle est. Il n'y a d'ailleurs, quoi qu'on ait pu dire, rien qui blesse l'équité dans cette amodiation de quelques fractions du sol, à ceux qui, avant la conquête, en étaient les seuls maîtres. Quelques centaines de mille Arabes ne peuvent être acceptés comme uniques propriétaires de toute l'Algérie, de cette vaste et fertile contrée, dont ils ne tiraient aucun parti ; et par droit de raison aussi bien que par droit de conquête, nous avons pu exiger d'eux le partage des terres, avec toutes les conséquences qui en dérivent naturellement.

4° En cultivant le blé, l'orge surtout, que les Arabes produisent à très-bas prix, nous cédons à des nécessités et à des convenances du moment. La culture de la *vigne*, au contraire, nous présente une spéculation des plus lucratives. Dans la plaine, nous aurons la quantité, sur le coteau la qualité, et cette qualité, grâce à l'excellence du terroir et du climat, rivalisera avec les meilleurs vins d'Espagne. Les vins de Mascara ont déjà de la réputation, et les nôtres ne seront pas inférieurs. Que cet espoir ne fasse pas tressaillir les protectionistes et vinicoles du Midi de la France! ils n'ont pas à redouter la concurrence de nos vins, d'une qualité toute différente.

Voici notre situation par rapport aux vignes :

Pieds de Vignes avec racines.

3 Hectares plantés anciennement sur le coteau	30,000 pieds.
D'ici à la fin de mars on plantera :	
6 Hectares en hautains,	18,000
1 Hectare en basses vignes,	10,000
En allées,	2,000
	60,000

(*N. B.* — Sans comprendre ce qui est mentionné au tableau de la pépinière.)

5° Nous ne pouvons pas parler avec la même satisfaction des bestiaux. C'est avec regret que nous avouons nos faibles ressources de ce côté; en voici l'humble énonciation :

11 Chevaux.	172 Moutons et brebis.
2 Poulains.	5 Chèvres.
1 Mulet.	42 Cochons.
1 Ane.	104 Pièces de volailles.
12 Bœufs.	

Il est triste de penser que nous sommes si pauvres en bestiaux, lorsqu'on pense à l'abondance inouïe des fourrages naturels, et à la facilité d'établir les fourrages artificiels, qui pourraient donner ici, comme à Mascara, onze coupes *dans l'année*. Nous avons, l'an dernier, ouvert cette voie que nous poursuivons, dans l'espoir qu'il nous sera bientôt possible d'accroître notre bétail.

6° A ces diverses branches de l'agriculture, il faut ajouter nos *ateliers* pour lesquels on a acheté des assortiments complets d'outils : un atelier de menuiserie et de charronnage qui peut recevoir douze ouvriers, une forge où quatre peuvent travailler, en sont les principaux, mais non les seuls. Nous pouvons fournir d'outils les maçons, charpentiers, maréchaux, bourreliers, tonneliers, cordonniers et tailleurs, briquetiers, carriers et chaufourniers. Des carrières sont ouvertes, des fours à chaux construits, un four à pouzzolanes en construction. Nous pourrons quand nous voudrons, sans dépense nouvelle considérable, installer et développer sur notre terrain tous ces métiers dont on trouve rarement la réunion dans des communes constituées depuis des siècles.

7° Nous n'avons plus, pour achever le tableau des opérations principales de la Colonie, qu'à parler des *fourrages*.

Le quintal métrique de foin se vend 7 fr. 50 à Saint-Denis du Sig, 11 fr. 50 à Oran et à Arzew. Des marchés, sur cette base, avaient été conclus avec l'administration militaire, par M. le directeur Gautier, pour des livraisons de 5,000 quintaux dans la première localité, de 10,000 dans les deux autres. De beaux bénéfices paraissaient certains; mais il est arrivé que, par un fatal concours de malheurs et de fautes, ce qui devait être pour nous une source de richesse n'a donné que des pertes.

Un incendie, dû à la malveillance ou à l'imprudence, on l'ignore, a dévoré 7,000 quintaux environ au mois de juillet, ce qui constitue une perte sèche d'une quarantaine de mille francs. A Saint-Denis, l'administration n'a voulu recevoir que 2,000 quintaux, par la raison plus ou moin fondée que les foins n'étaient pas assez purgés de mauvaises herbes. A Oran, tout a été refusé par le même motif; et, par une inexplicable détermination, le délégué de l'ancien Conseil d'administration, qui avait succédé dans le gouvernement de la Colonie au capitaine Gautier, conduit à donner sa démission par de regrettables conflits, ce délégué s'est obstiné à faire transporter et emmeuler à des prix énormes, 16 à 4,800 quintaux de foin à Oran, dans le vain espoir d'une acceptation ultérieure. Enfin, pour dernier malheur, cette ruineuse meule d'Oran vient d'être vendue par l'intermédiaire et les soins du Comité de surveillance, 8,000 fr. seulement, prix qui est bien loin de couvrir les frais de transport. La rareté de l'argent à Oran est-elle la seule cause de ce mécompte? En définitive, il ne nous reste plus à vendre qu'environ 2,000 quintaux, dont le prix, quoique devant être probablement élevé, sera loin de compenser pour nous toutes ces pertes.

C'est ainsi que les 25,000 quintaux coupés par les soins de M. le capitaine Gautier, et qui devaient assurer dès la première année, par un bénéfice net de 50 à 60,000 fr., la prospérité financière de la Colonie, nous ont obérés par toutes les dépenses extraordinaires de main-d'œuvre, de consommation, de transports, de bottelage, de garde qu'ils ont entraînés. Mais il est évident qu'il n'y a là rien de fatalement inhérent aux conditions même du sol : les prairies peuvent être nettoyées, les livraisons mieux surveillées, les transports inutiles évités, tandis que la perspective des bénéfices reste la même. Dans un pays où les foins sont tellement rares, qu'à Oran, dans la plaine du Sig même, cet hiver, avant nos récoltes, on les faisait venir d'Angleterre, quelles richesses dans une plaine de 3,000 hectares qui, au printemps, devient tout entière une superbe prairie! En ce moment, pendant qu'en Europe le froid suspend la végétation, les campagnes du Sig commencent à se couvrir d'une herbe fine, ressource actuelle pour les bestiaux, et, dans quelques mois, récolte, sans autres limites que celle des capitaux que nous pourrons employer à la faucher. Si la Société a de l'argent, disons le mot, elle récoltera tout ce qu'elle voudra. Si elle n'en a pas, nous aurons la douleur de laisser sécher sur pied une incalculable quantité de fourrages, faute de bestiaux pour les consommer, faute de bras pour les abattre et les lever. L'homme aura fait honteusement défaut à la nature.

Situation financière.

Sous le rapport financier, que ce sujet nous mène à aborder et que nous traiterons avec la même franchise, la Société de l'Union est à la fois dans une remarquable prospérité et dans un extrême embarras. N'eût-elle pour tout bénéfice que les 10,000 fr. du bail du jardin, ce serait certes un beau revenu pour les 150,000 qui ont été dépensés jusqu'à présent. On chercherait en vain une entreprise agricole qui, dès la seconde année, ait donné un bénéfice net de plus de 7 pour 100. Que l'on y ajoute les revenus de toutes les autres opérations, d'un moulin à farine et huile, le seul de la contrée, d'une auberge admirablement située, les valeurs inappréciables condensées dans la pépinière, la plus value donnée au sol par la culture, par les canaux d'irrigation, par les routes, par la conso-

lidation de la paix, par le développement général de nos affaires algériennes, et nul actionnaire n'hésitera à reconnaître que son argent a
fructifié au-delà de toute espérance. Si nous voulions céder, pour
500,000 fr., cette terre, où nous en avons dépensé 150,000, demain nous
trouverions des acquéreurs.

Mais éloignons jusqu'à l'ombre de cette pensée. Encore quelques
années de travail et de paix, et notre Colonie s'estimera par millions.
Trois mille hectares de terre à 1,000 fr. l'hectare, et le prix n'a rien
d'exorbitant pour des terres supérieures la plupart aux meilleures terres
de la Beauce, donnent trois millions, le minimum de ce que peut valoir
notre propriété en trois années. En dix ans, bien cultivée, elle vaudra
dix millions.

C'est donc une vraie mine d'or que nous avons sous les mains. Mais
toute mine, même d'or, demande beaucoup d'argent pour être mise en
valeur. Si l'on prend en pitié l'homme qui recule devant les avances
qu'exige l'exploitation d'un filon d'une richesse incontestée, que dirait-on
de nous si nous laissions improductif ce filon de deux lieues carrées et
d'une profondeur indéterminée, qui renferme des trésors plus précieux
que les métaux, et qui n'attendent que le travail de l'homme pour se
livrer à lui?

C'est pourtant là le second danger qui menace la Société. Le fonds
social étant fixé à un million, les travaux ont été entrepris sur une vaste
échelle, et les premiers capitaux immobilisés dans le sol et les habitations.
On avait dû compter que la somme d'un million serait rapidement
souscrite, tant elle était faible, eu égard à l'importance de l'entreprise :
elle ne l'est pas encore. On avait dû compter que les actionnaires tiendraient
leurs engagements : quelques-uns n'ont pas même versé leur premier
cinquième, beaucoup doivent le second. Les fonds disponibles sont au-
dessous des besoins de la situation.

De là de graves embarras pour la Direction, de fâcheuses entraves à la
prospérité de la Colonie.

Aussi le Directeur, en nous communiquant les difficultés de son administration, nous déclare-t-il que, s'il ne reçoit bientôt les secours dont il a
besoin, il ne pourra maintenir son plan d'opérations calqué sur un million
présumé de ressources, et devra le réduire aux proportions des capitaux
réalisés.

Le Conseil d'administration se ralliera à cette idée, quelque pénible
qu'elle soit, le jour où il devra désespérer d'obtenir des ressources pro-
portionnées à l'œuvre; ce serait pour lui un devoir de loyauté envers
le gouvernement et d'équité envers ses amis.

Si nous ne tenions pas nos engagements, dans dix ans, peut-être dans cinq, le gouvernement nous demanderait un compte rigoureux de notre gestion. Il nous montrerait de magnifiques terres incultes et que nous devions fertiliser, des campagnes désertes et que nous devions peupler, des baraques en bois au lieu d'habitations dignes de l'homme, quelques individus, non des familles, une ferme au lieu d'une puissante Colonie.

Jamais, à aucun prix, les fondateurs et administrateurs de l'Union agricole ne courront la chance de cette humiliation. Hommes de conviction, ils ne veulent pas se donner les apparences de spéculateurs.

Sous l'empire de ce sentiment, le Conseil d'administration, chargé de conserver à l'œuvre ce caractère de haute moralité qui jusqu'à ce jour l'a distinguée, le Directeur plus particulièrement responsable de l'emploi utile des fonds qui lui sont confiés, adressent à tous leurs amis, actionnaires ou non actionnaires, cette déclaration formelle :

Au 25 février prochain, la liste des actionnaires sera intégralement dépouillée. Si, à cette époque, le nombre des actions réglées (par le versement des deux premiers cinquièmes pour celles antérieures au mois de septembre dernier, et du premier cinquième pour celles postérieures à cette époque) n'a pas atteint le chiffre de 1,200, garantissant un revenu annuel de 120,000 francs, le conseil s'occupera des moyens à prendre pour ramener l'exploitation à des limites en rapport avec les forces de la Société.

Ce chiffre 1,200 est nécessaire, et pour assurer la marche de l'affaire, et pour nous préserver de toute invasion du dehors.

Que nos amis se tiennent donc pour avertis. La décision du conseil a été mûrement réfléchie et fermement arrêtée. Le courrier de France du 3 mars apportera au Directeur la réponse des actionnaires, et cette réponse sera la mesure de ce que nous devons entreprendre.

Que chacun donc interroge avec sincérité ses désirs et ses ressources. Sous peine de voir notre œuvre s'amoindrir, il faut, sans retard, lui venir en aide. Pendant que nos amis, sur les lieux, paient de leur personne aussi bien que de leur bourse, nous ne devons pas reculer devant quelques démarches, quelques privations.

Nous estimons beaucoup assurément les paroles et les lettres de sympathie, précieux témoignage du cœur; mais cela ne suffit point pour défricher, labourer, planter. A des ouvriers qui attendent leur salaire, à des colons qui demandent leur pain, à une terre qui appelle le travail, il n'y a qu'une réponse à faire, l'argent.

C'est à cette mesure que nous jugerons la confiance ; nous ne pou-

vous dire le dévouement ni le sacrifice, tant la récompense est proche
et large. Nous n'oublierons pas que le denier de la veuve a souvent plus
de mérite que la pièce d'or de l'opulent.

Pour que nos amis puissent appeler de nouvelles adhésions en pleine
connaissance de cause, nous compléterons cet appel par quelques aperçus
sur les points qui nous paraissent surtout devoir intéresser.

Projets immédiats.

Pour la culture, nos projets immédiats se bornent au développement
de ce qui existe déjà : arroser et nettoyer les prairies, étendre les défrichements, les défoncements, les labours; varier et multiplier les ense-
mencements, en tenant compte surtout des besoins de la consommation et
de la facilité des débouchés ; distribuer les arbres sur le territoire, blé,
orge, vigne, pomme de terre, haricots, pois et menus légumes, carottes
et betteraves, maïs, colza et navette, luzerne, trèfle et sainfoin, accroissement naturel du troupeau, des cochons et de la basse-cour, surtout
achat de bêtes de travail (bœufs et chevaux) : tels seront, avec la pépinière, les principaux objets de nos soins agricoles.

Nous entreprendrons aussi, sur quelques hectares, la culture du tabac,
dont le revenu net, d'après les affirmations justifiées par l'expérience de
MM. les inspecteurs chargés des achats, et juges les plus compétents en
cette matière, ne peut pas être moindre de 1,000 fr. par hectare.

Nous élevons dès cette année trois onces au moins de vers à soie.

Nous espérons essayer aussi l'éducation des abeilles qui donnent en
Afrique des produits d'un haut prix.

Nous ajournons les cultures qui demandent beaucoup de main-d'œuvre
ou des machines compliquées, ou des connaissances spéciales encore
rares en Algérie. C'est à l'Etat qu'il appartient de faire les grandes et
coûteuses expériences. Nos essais de nouveautés ne seront entrepris que
sur de petites échelles, et nous ne conclurons, du petit au grand, qu'avec
beaucoup de réserve. L'exubérante fécondité du sol et la douceur du
climat permettent de tout espérer pour l'avenir; mais la prudence nous
commande de n'avancer aujourd'hui qu'à coup sûr.

Avec ces projets agricoles se combinent deux entreprises, l'une industrielle, l'autre commerciale, destinées à une remarquable prospérité;
un moulin à huile et à farine, et une auberge.

En ce moment, le moulin est en construction. Placé sur une chute
d'eau de 4 mètres, dont la force, qui ne peut jamais être moindre de
20 chevaux, sera le plus souvent de près de trente, sur la route d'Oran et

d'Arzew à Mascara, et par conséquent d'un facile abord, seul jusqu'à présent et pour longtemps sans doute dans la contrée, comment pourrait-il ne pas prospérer? Les Arabes ne peuvent hésiter longtemps entre leur misérable moulin domestique et le nôtre. Quant aux colons, ils n'auront pas à choisir: forcément les uns et les autres seront nos clients.

En l'absence d'un moulin, lorsqu'il fallait envoyer moudre le blé à Mascara et le rapporter en farine, à des prix exorbitants de transport et de mouture, les colons étaient peu portés à cultiver les céréales. La construction du moulin aura pour effets certains le développement de la culture des grains et des plantes oléagineuses. C'est ainsi que cette usine créera elle-même sa prospérité dans un avenir très-prochain.

L'auberge a un tout autre caractère, plus immédiatement lucratif.

La route d'Oran à Mascara, qui traverse notre village, est dès aujourd'hui très-fréquentée par le roulage, et desservie tous les jours pendant neuf mois par un omnibus pareil à ceux de Paris. L'activité de la circulation frappe de surprise ceux qui croient l'Algérie un désert, et d'admiration ceux qui se souviennent qu'il y a un an à peine on n'osait parcourir cette route que sous escorte. Le progrès de la sécurité et du mouvement des affaires a dépassé toute prévision.

La route d'Arzew à Mascara aboutit également à notre territoire, et nous amène les voituriers et les voyageurs.

Par un singulier bonheur, le point d'intersection du canal et de la route, sur notre sol, est à égale distance des trois villes d'Arzew, Oran et Mascara. C'est une station si naturelle, que dès aujourd'hui le roulage venant d'Oran dépasse souvent le village de Saint-Denis, malgré la séduction de ses nombreuses auberges, pour s'arrêter au pied de la côte, et y coucher en plein air. Une auberge, établie en ce point qui nous appartient, se trouve, à défaut de toute concurrence, d'un revenu très-élevé. Les constructions sont commencées; dans quelques semaines l'auberge sera ouverte, et s'il ne nous convient pas, à raison de son éloignement du centre actuel d'exploitation, de la gérer nous-mêmes au début, on nous offre 1,000 fr. de loyer pour la première année, 1,500 pour la seconde, 2,000 pour la troisième. Après quoi toutes les constructions, plantations, etc. seront à nous. Nous ne consentirions pas à un plus long bail; nous pouvons trouver quelques avantages à louer provisoirement l'auberge, le jardin, la pépinière, le moulin; mais dans trois ans, toutes ces branches de revenu doivent rentrer sous notre administration directe.

Une dernière et capitale entreprise couronnera notre campagne. La construction du mur d'enceinte.

De fâcheux malentendus, entre l'ancien Conseil et le Directeur qui ne reçut pas les pouvoirs suffisants pour toucher les fonds offerts par l'Etat, ont empêché que l'enceinte ne fût depuis longtemps terminée. Peut-être n'y a-t-il pas à regretter ce retard. Par suite du changement que les officiers du génie ont apporté à sa direction, la route de Mascara eût coupé l'emplacement que nous avions désigné d'abord. Nous évitons cette condition défavorable en modifiant notre plan, et cherchant un autre point pour nos constructions définitives. Nous avons choisi une magnifique position à mi-coteau, au bord de la route, entre le canal principal et les canaux secondaires, à quelques mètres du moulin, à moins d'un kilomètre de l'auberge, à l'abri du vent du désert par un manteau de hautes montagnes, qui renferment des matériaux de construction de qualité supérieure, en ce moment verdoyantes d'herbe et plantées d'arbustes. De ce point la vue embrasse et domine la belle plaine du Sig en entier, avec sa ceinture de montagnes qui va finir aux rivages lointains de la mer.

Voici ce que nous ferons, dès cet hiver, si le concours de nos amis nous soutient. Tout est étudié et prêt. Mais, sauf les dépenses absolument obligées, nous n'irions pas en avant, sans savoir sur quelles ressources nous pouvons compter. Notre enceinte ne sera celle d'un village sociétaire (400 mètres de long sur 300 mètres de large), qu'autant que la réponse que nous recevrons sera favorable.

L'enceinte nous conduit à dire incidemment quelques mots de la sécurité, condition qui a beaucoup préoccupé autrefois, et qui aujourd'hui n'inquiète plus. La pacification se consolide tous les jours. Le succès de nos armées pendant quinze ans, la prise de possession de plus en plus décisive du sol, la nomination d'un fils du roi aux fonctions de gouverneur-général, ne laissent plus aux Arabes aucun doute sur nos forces, ni sur nos intentions, et leur soumission, quoique contrainte, n'en est pas moins réelle et générale. Les Arabes, d'ailleurs, sont des hommes accessibles, comme tous les autres, au calcul de l'intérêt et au charme du bien-être. S'ils trouvent plus de bénéfice à la soumission qu'à la révolte, ils resteront soumis. La plaine du Sig particulièrement jouit de la plus profonde sécurité. Depuis plus de dix ans, les tribus qui l'habitent ne se sont associées à aucun mouvement insurrectionnel. Les marchés d'Oran, du Sig, de Mascara sont pour eux une source de richesse qu'ils n'ont garde de vouloir tarir. Au besoin le camp de Saint-Denis, qui est à moins de 4 kilomètres de nous, protégerait nos colons. L'importance militaire des villes d'Oran et de Mascara, la nécessité d'assurer les communications, de protéger les ponts, garantit la permanence d'une force armée considérable dans la plaine du Sig, en même temps que l'érection de Sidi-bel-Abbès en capitale militaire de la province d'Oran la couvrira par le haut.

Aussi nos colons sont-ils en pleine sécurité, et s'accordent-ils à dire qu'ils se tiennent pour beaucoup moins compromis dans leur plaine de Saint-Denis que dans la plaine du même nom qui entoure Paris. Enfin, ce qui pourrait rester de danger disparaîtra complétement par l'enceinte, car on sait que les Arabes n'ont jamais su prendre un blockaus. Mais il y a tout lieu d'espérer que cette enceinte sera pour nous plutôt une clôture qu'une défense.

Personnel.

Pour notre Colonie, les hommes ne sont pas comme ailleurs de simples agents de production ; ils sont encore les éléments et le germe d'une population stable. A ce double caractère, leur choix est pour nous d'une haute importance. Ce ne sera pas s'écarter de notre plan, destiné à mettre en relief les principes de notre établissement, que de dire quelles vues doivent présider aux envois de personnel. Mais sur ce point notre opinion aurait moins d'autorité que celle du Directeur lui-même ; aussi le laisserons-nous parler.

« Assez volontiers, » nous écrit-il, « on semble croire en France que » tout le monde est assez bon pour l'Afrique, et l'on est disposé à ex-» pédier tous ceux dont la civilisation n'a pu tirer aucun parti. Erreur » fatale à l'œuvre ardue de la colonisation ; il nous faut de vaillants » pionniers, des hommes hors ligne par l'âme et par le corps : les » peuples comme les individus ne créent qu'avec l'essence la plus ex-» quise de leur sang.

» Autre erreur d'envoyer dans une colonie des malheureux sans res-» sources, comme dernier expédient de la charité. Nous ne sommes pas » ici pour faire l'aumône ; notre philanthropie est d'un ordre plus élevé ; » nous servons l'humanité en défrichant et plantant : qu'on laisse donc à » leur place les clients naturels des bureaux de bienfaisance et des hos-» pices. Le colon qui apporte ici des bras vigoureux et un cœur honnête » est utile ; celui qui y joint quelques ressources personnelles l'est dou-» blement : un malheureux, sans force et sans ressources, ne nous est » bon à rien.

» Il est encore un double fléau dont nous conjurons nos amis de » préserver notre jeune Colonie : ce sont les *Messieurs* et les dévouements » inintelligents.

» La stupide éducation de nos colléges a persuadé aux populations qu'il » était plus noble de connaître l'écriture et la lecture que de savoir bien » tailler et greffer, labourer et semer. De là, une race de pauvres jeunes gens » ignorant tout, mais sachant lire et écrire. Or, avec ces talents-là, on » meurt de faim dans une colonie. Pour comble de malheur, la pré-» somption de ces hommes est exagérée par quelques vagues notions

» de physique ou de chimie, d'histoire naturelle ou de mathématiques,
» de latin et de grec surtout, avec quoi ils s'imaginent devoir être des
» personnages très-précieux. Cette bonne opinion de soi-même est encore
» très-commune chez les propriétaires et industriels ruinés, qui, dé-
» daignant le travail manuel, sous prétexte de déclassement, ne voudraient
» que gouverner. Préservez-nous de cette espèce de colons, la pire de
» toutes. Il nous faut des jardiniers et pas d'horticulteurs; des laboureurs
» et pas d'agronomes; des vignerons et pas d'œnologues; des ouvriers
» en un mot, et pas de Messieurs.

» Nous vous supplions encore de ne pas nous infliger le supplice des
» dévouements inintelligents; comme il s'en trouve malheureusement
» beaucoup trop. Il y a de par le monde une foule de gens absolument inca-
» pables d'être quoi que ce soit dans la société, maires, adjoints, commis-
» saires de police, juges de paix, chefs d'ateliers ou de fermes, et qui, parce
» qu'ils ont d'honnêtes sentiments, s'offrent pour diriger, à des degrés
» divers dans l'échelle hiérarchique, l'œuvre la plus ardue qui soit au
» monde, une colonisation. Autant que nos amis en connaissent, qu'ils
» les détournent à mains jointes de ces projets, et leur imposent, au nom
» de l'intérêt public, la douleur de l'inutilité.

» Empêchez surtout les départs. Une fois les gens arrivés et installés, il
» est bien difficile à un directeur de congédier des hommes qui ont épuisé
» en route leurs ressources, ou donné, par leur émigration, la mesure de
» leur bonne volonté. On s'efforce de les utiliser, mais en vain ! Ils font
» mal, et sont malheureux ! Ils tiennent la place d'autres qui feraient
» mieux et qui ne peuvent être appelés. La hiérarchie n'a plus son ressort
» naturel, la supériorité du mérite, et il se trouve en fin de compte que
» rien n'est plus onéreux pour une colonie que ces dévouements désinté-
» ressés.

» En résumé, sur ce point capital, point de camaraderie, point de
» népotisme, point de philanthropie; avec ces faiblesses, on compromet
» les meilleures causes. Choix sévère des plus dignes, exclusion impi-
» toyable des incapables et des indignes; il nous faut des hommes d'élite,
» et point de non-valeurs. »

Comptabilité.

Tenue en partie double, avec la régularité la plus sévère, notre comptabilité, qui résume tous les progrès de cet art dans ses applications à l'a-
griculture, peut défier toute critique. Elle nous donne l'énumération
précise de tous nos agents de travail, hommes, bestiaux, matériel, numéraire, nous fait connaître la dépense, le rapport de chacun d'eux. Par
elle, le prix de revient de toute chose est établi avec une rigueur mathé-

matique, et l'administration peut agir avec cet aplomb que donne la connaissance approfondie de toutes les ressources d'une situation.

Dans quelques années, lorsque nous aurons créé (c'est fait déjà en grande partie) les plus beaux jardins, la plus belle pépinière, les plus beaux troupeaux, les plus beaux ateliers de construction de l'Algérie, nous demanderons que le gouvernement fasse de la Colonie, pour l'Afrique, une ferme-modèle destinée à former des colons, à expérimenter la grande culture. C'est un complément indispensable au jardin d'essai fondé près d'Alger. Nous appuierons notre demande sur une collection de documents agricoles, commerciaux, météorologiques, tenus avec la plus minutieuse exactitude, sur nos livres d'exploitation, trésors de précieux enseignements. Quel établissement agricole, en Algérie, pourra présenter des titres pareils aux nôtres ?

Vue générale.

Avec tous les hommes de sens, nous voyons dans la prospérité matérielle d'une entreprise, le principe de tous ses développements ; nous voulons, en conséquence, réussir matériellement, pécuniairement. Pour nous, une machine n'a pas de valeur quand elle consomme plus qu'elle ne produit. Il est donc d'une impérieuse nécessité d'établir financièrement l'affaire, et de donner, soit par la plus value du sol, soit par les dividendes, une juste rétribution au capital et au travail. Aussi pouvons-nous affirmer, dès à présent, qu'à moins d'événements impossibles à prévoir ou d'un défaut de concours complet, nous distribuerons, l'an prochain, l'intérêt à cinq pour cent des deux premiers cinquièmes, non sur le fonds social, à la façon de beaucoup d'entreprises prétendues prospères, mais sur les bénéfices nets de l'exploitation. Sauf les divers accidents que nous avons rappelés, l'intérêt eût été facilement payé dès cette année.

Mais nous désirons, on le sait, quelque chose de plus qu'un bon rapport de nos capitaux. Nous aurions en caisse des millions, nous aurions acquis la réputation des plus heureux spéculateurs de l'Algérie, que notre conscience d'hommes et de Français ne serait point satisfaite.

Si nous déclarons la guerre à une nature inculte, c'est au nom et en vue de l'humanité : ce sont des hommes et non pas seulement des bestiaux et des récoltes que nous voulons installer dans ces solitudes. Une population intelligente, saine d'esprit et de corps, heureuse, apportant à la patrie la force du nombre, du courage et de la discipline, lui ralliant les sympathies et les bras des diverses races européennes, qui se donnent rendez-vous sur la terre d'Afrique, imposant aux indigènes, les entraînant par sa puissance agricole et industrielle ; voilà notre ambition, notre espérance.

Si nous résolvons pratiquement ce grand problème de colonisation que nous nous sommes posé, nous croirons avoir rempli nos devoirs envers la France, envers l'humanité.

Ce que nous avons fait, ce que nous faisons en ce moment dans ce but, nous l'avons dit; ce que nous ferons plus tard, le voici à grands traits :

Créer chaque année les subsistances nécessaires à la population crois-sante des colons, consacrer les profits à compléter les approvisionne-ments, à l'accroissement des bestiaux de toute espèce, de manière à couvrir notre plaine d'attelages par dizaines, de bœufs par centaines, de cochons et de moutons par milliers; c'est ce que nous permettra facile-ment l'étendue et la richesse inouïe de nos terres. La culture pastorale est d'ailleurs la plus convenable à l'origine, parce qu'elle est la plus simple, la mieux connue, parce qu'elle demande peu de main d'œuvre, cet élément si cher et si difficile à manier en pays neuf. Ces avantages sont encore relevés par la production de la viande et du lait, double et précieuse ressource pour toute exploitation, et par l'engraissement des terres au moyen du fumier.

La culture maraîchère prendra une importance croissante dans la plaine du Sig. Les villes d'Oran et d'Arzew reçoivent toute leur nourriture par mer, de l'Espagne et de la France : placés à quelques lieues de ces marchés, où nous conduirons de faciles communications, nous sommes donc sûrs de vendre toujours à des prix élevés. Aussi joindrons-nous à notre jardin, quand le temps en sera venu, des champs entiers de légumes, de manière à approvisionner, outre ces deux villes, toutes les côtes de la province, aussi mal pourvues qu'Oran et Arzew.

Quand la population des colons nous fournira la main-d'œuvre né-cessaire, quand nous pourrons accorder quelque chose à l'inconnu et à l'expérimentation, nous nous lancerons dans les cultures industrielles, dont le bénéfice surpasse de beaucoup celui des céréales. Indigo et pastel, safran et garance, nopal de la cochenille, sésame, navette, pavot, tabac et cotonnier surtout, peut-être la canne à sucre et le thé : le climat et le sol promettant tout, nous pouvons tout tenter.

L'olivier et le mûrier forment deux groupes distincts par l'importance de leurs produits et la facilité avec laquelle ils réussissent. La France se pourvoit aujourd'hui à l'étranger, en soie et en huiles, pour des millions que l'Algérie pourra un jour réclamer en échange de marchandises en quantité suffisante et de qualité supérieure. Notre pépinière offre déjà sous ce double rapport les éléments de plantations à couvrir nos plaines et nos coteaux.

Enfin, des arbres forestiers, obtenus par semis et plantations, groupés avec art et distribués avec harmonie, suivant les convenances des terrains, des eaux et des vents, protégeront nos plantes plus faibles et assainiront l'atmosphère. Un bois de tamarins, englobé dans la concession, nous offre un germe dont nous surveillons avec sollicitude le développement. Sous peu, des lignes d'arbres variés dessineront nos routes, nos canaux et nos avenues, et signaleront aux regards les plus distraits la prise de possession intelligente de la nature par l'homme.

L'essor industriel naîtra naturellement de l'essor agricole. Plantes textiles et oléagineuses, laines, cuirs, soie, coton, bois, fruits et graines de toute espèce, produits de tout genre, fourniront leur aliment à des ateliers, à des usines pour lesquels la puissance motrice de l'eau ne nous fera jamais défaut. Combinés avec les industries nécessaires à la construction de nos demeures, forge, charpente, maçonnerie, taille de pierre, menuiserie, serrurerie, briqueterie... nous aurons un système industriel qui ne laissera en dehors de sa prévoyance aucun des éléments essentiels de la vie communale.

Pendant que se développeraient ainsi, par les seuls profits de la culture et pour ainsi dire par une végétation toute naturelle, les diverses branches de l'activité productive, les versements des trois cinquièmes restants, soit 600,000 fr. si le capital entier est souscrit, seront consacrés à la construction de notre habitation définitive. En y joignant les 150,000 fr. du gouvernement, nous aurons près de 800,000 à employer pour ce seul objet. C'est peu, sans doute, pour une population de 300 familles. Si l'on songe cependant aux immenses économies résultant d'un édifice distribué unitairement, en vue des convenances du ménage sociétaire, si l'on remarque que la plus grande partie de la main-d'œuvre sera fournie par les colons associés, que tous les matériaux (à l'exception du bois de construction et du fer) sont littéralement sur place en quantité suffisante et de qualité supérieure, on reconnaîtra que cette dépense équivaudra à une dépense double dans des circonstances ordinaires. D'ailleurs, une fois la Colonie en pleine voie de prospérité, s'il devenait utile d'augmenter le fonds social pour porter rapidement terres et édifices au degré d'éclat convenable à une grande pensée comme la nôtre, les actions nécessaires seraient souscrites par acclamation.

Les opérations commerciales offrent aussi des perspectives de bénéfices qu'il ne faudra pas dédaigner.

Sans rappeler notre auberge, qui deviendra un hôtel de plaisance pour les visiteurs, sans parler de notre habitation de *Ruines* qui peut être une station de chasse recherchée par tous les amateurs de France et d'Algérie, serait-il bien difficile d'attirer dans nos magasins, remplis de marchandises loyales, les colons voisins et les Arabes, qui vont s'approvisionner à Oran de drogues frelatées et hors de prix. Entre Arzew, Mascara et Oran, il faut un entrepôt de commerce : il sera naturellement à l'Union, point d'intersection des routes de ces trois villes; il se pourvoira facilement à Oran et Arzew des denrées que ne produira pas la Colonie, et offrira des garanties inconnues aux boutiques morcelées du pays.

Mais il est surtout trois grandes opérations que nous devons indiquer en quelques mots : les transports entre Oran et Mascara, plus tard entre Arzew et Oran, l'achat et la revente des orges et des laines.

C'est dans notre plaine du Sig que s'approvisionnent de foin les entrepreneurs de transport d'Oran, qui servent Mascara par roulage ou diligence. Quelle difficulté trouverons-nous un jour à fonder nous-mêmes une entreprise dont les agents seront nos colons, dont les chevaux consommeront notre foin et notre orge, qui versera tous les voyageurs dans notre auberge, et portera nos propres marchandises en même temps que celles du commerce et aux frais du commerce? Un bureau à Mascara et à Oran, plus tard à Arzew, où nous possédons dès aujourd'hui deux très-beaux lots de terre, autre concession de l'Etat, seront notre seule dépense au dehors. A de telles conditions il n'y aura pas de concurrence possible contre nous.

L'affaire des orges a été pressentie par un négociant du pays qui nous offrait 2,000 fr. de loyer de notre habitation des *Ruines* et des centaines de silos qui l'entourent; ces silos, cachés dans une forêt de cactus, étaient les anciens greniers des tribus arabes de toute la contrée. Grâce à eux, l'opération nous revient de droit. A l'époque de la moisson, les Arabes livrent à 5 et 6 fr. le quintal métrique d'orge, qui se vend 10, 12 et 14 deux mois après aux mêmes lieux. En quelques semaines, un capital peut être doublé.

Même profit sur les ventes de laines; sans donner des renseignements inutiles à publier, qu'il nous suffise de dire que l'on peut acheter toutes les laines des Arabes dans un vaste rayon, à de telles conditions que la revente, après simples lavages, offre d'énormes bénéfices.

Ces essors particuliers de la Colonie naissent spontanément des conditions même du climat et du sol ; ils n'ont rien d'artificiel ni de forcé, ils ne demandent ni génie pour les combiner, ni trésors pour les exécuter. Il suffit que la Colonie prospère pour qu'elle les réalise naturellement, sans peine comme sans danger.

Perspective.

Pour donner aux destinées de l'Union toute leur grandeur, il convient de les encadrer dans le mouvement général qui se manifeste, autour de la Colonie, dans la plaine du Sig, et, plus loin, dans l'Algérie entière.

En ce moment, les ingénieurs de l'Etat étudient sur place le dessèchement du système de marais formé par les embouchures réunies du Sig et de la Macta. L'entreprise est vaste, mais nullement difficile, parce que le sol est supérieur au niveau de la mer, et que les marais ne sont dus qu'à des tranchées faites avec intelligence par les Arabes, dans le lit des deux rivières, pour arroser leurs terres. A ce projet se joint celui de la canalisation du Sig, ou plutôt de la création d'un canal latéral au Sig, remontant jusqu'à Saint-Denis. L'un et l'autre projet entrent dans les vues prochainement réalisables du gouvernement.

En même temps se continue, et se termine en quelques points, la route d'Oran à Mascara : l'armée y travaille en deux endroits, près du Tlélat, et, sur le territoire de l'Union, devant nos portes. La merveilleuse rapidité et l'énergie du travail montrent ce que peuvent les masses organisées, même quand elles ne sont mues que par les ressorts de la discipline et du plus modique salaire. Sous peu, toute la partie qui traverse la Colonie sera empierrée et bordée d'arbres à faire envie aux plus belles routes de France.

La route d'Arzew à Mascara se construit également; nous l'avons dit, elle aboutit à notre territoire et le traversera, soit directement, pour joindre le pied des montagnes vers notre auberge, soit indirectement, en se greffant sur la route d'Oran à Saint-Denis. Quoi qu'il en soit, c'est pour nous un débouché ouvert, et un port d'approvisionnement le plus beau de toute l'Algérie, plus rapproché et moins cher qu'Oran. Plus tard, la canalisation du Sig y ajoutera celui de Portopoul, dont la prospérité est déjà pressentie par d'habiles marins.

Une récente mesure vient de couronner toutes ces chances de glorieux avenir. Sidi-bel-Abbès, à 12 lieues sur le Sig, en amont de Saint-Denis, a été, par ordonnance royale, désigné pour être la capitale militaire de la province d'Oran. Et Sidi-bel-Abbès ne pourra tirer avec avantage ses approvisionnements que du golfe d'Arzew, source incalculable de richesse et de mouvement pour ce pays.

Lorsqu'on pèse de sang-froid, et avec toute la gravité de la plus sévère raison, ces conditions uniques de prospérité, on reconnaît avec M. Mercier, dont nous avons cité l'avis, que la plaine du Sig est véritablement le cœur de la province d'Oran, et l'on se rallie sans réserve à ce qu'écrivait un jour, dans l'*Écho d'Oran*, un voyageur qui racontait ses impressions, lors de la fête où le lieutenant-général de Lamoricière inaugurait solennellement le barrage du Sig.

« Il est facile d'apprécier l'avenir qui est réservé à un centre agricole placé dans des conditions aussi favorables. Toutes les cultures y sont possibles toute l'année. Ajoutons que le sol est d'une fertilité rare, et l'on comprendra que la plaine du Sig égalera un jour la vallée du Nil par le mérite de ses productions. Les plaines de l'Habra, de l'Illil et de la Mina, qui font suite à celle du Sig, ne lui cèdent en rien.

» *Ce bassin immense sera un jour le plus riche de l'univers.* »

Il sera du moins, dans peu d'années, le jardin, le verger et le grenier de toute la province d'Oran.

Ce ferment de vie nouvelle qui s'éveille dans les plaines du Sig, ensevelies depuis les Romains dans un sommeil de quinze siècles, ne serait qu'une stérile agitation, si la même sève ne circulait en même temps dans toute la côte septentrionale de l'Afrique. Mais son étendue et sa généralité en garantissent la puissance et la durée. Autour du Sig tout grandit en même temps, Oran, Mascara, Arzew, Mostaganem, Orléansville, Sidi-bel-Abbès ; plus loin la province d'Alger et celle de Constantine, plus loin encore Tunis et l'Egypte. Les idées et les bras de l'Europe abordent enfin ces régions inaccessibles de l'Afrique : c'est l'invasion de la barbarie par la civilisation, tardive mais juste réaction contre l'antique invasion de la civilisation chrétienne et romaine par la barbarie vandale et arabe.

La France, qui a planté son drapeau sur les derniers remparts de la barbarie, s'attache de jour en jour à sa conquête, par sentiment, autant que par l'intérêt de mieux en mieux compris de sa politique. Le sang et la sueur, trop souvent le cadavre de ses soldats, unissent la mère patrie à sa nouvelle possession, par des chaînes indissolubles.

Sous les auspices du fils du Roi des Français, qui vient diriger ce grand mouvement de renaissance, le plus beau dont ce siècle soit témoin, où il apporte une première expérience des choses algériennes, le prestige attaché à sa haute naissance, et ce mérite si précieux et si injustement méconnu d'une jeunesse à couronner de gloire, l'Algérie avancera rapidement vers ces grandes destinées, et notre siècle verra refleurir ces temps où d'Hippone partait le gouvernement des plus hauts intérêts du christianisme.

Nous qui avons pris une digue place dans ce mouvement, envisageons avec confiance l'avenir de notre Colonie, et ne fermons pas timidement les yeux devant des perspectives dont le seul tort est d'être trop splendides.

Faisons-nous un Phalanstère?

Quelles sont les limites, quel est le caractère de notre entreprise ? Faisons-nous un phalanstère ?

Ces questions nous sont souvent adressées, nous les abordons sans embarras.

Ceux qui accusent le système phalanstérien des tiraillements qui ont eu lieu dans la première année de la fondation, prouvent qu'ils ignorent complétement ce que c'est qu'un phalanstère.

Un phalanstère, dans le langage de l'école de Fourier, est un palais, et jusqu'à présent nous n'habitons que des baraques et des ruines. Un phalanstère est la demeure de 16 à 1,800 personnes divisées par familles. Jusqu'à ce jour, la population de la Colonie a été de 40 à 60 personnes, la plupart célibataires.

Dans le système phalanstérien, l'attraction seule préside au choix, à la durée des travaux. — Chez nous une forte discipline est notre principal ressort. — Dans le système phalanstérien, la hiérarchie est élective; la nôtre découle toute du Directeur.

Le système phalanstérien repose sur le bien-être, qui en est une des conditions indispensables. Nous commençons, nous, par .es privations, nous n'appelons que des hommes disposés à les subir bravement, en poussant le dévouement jusqu'au sacrifice.

Le système phalanstérien organise les travaux par groupes et par séries fonctionnant en courtes séance. Nous demandons, de longues séances à nos groupes de travailleurs, et aux individus qui fonctionnent isolément.

On le voit donc, on fait preuve d'une ignorance qui n'est plus permise, en accusant le phalanstère des difficultés de notre marche; il n'y est pour rien.

Il nous est arrivé simplement ce qui est arrivé à l'Algérie tout entière: au début, quelques incertitudes, quelques tiraillements.

Quelle entreprise, à sa naissance, n'a pas eu à surmonter de pareils obstacles? Quelle création a du premier jet atteint à la perfection?

Est-ce donc que les autres colons algériens, que l'on n'accusera pas de phalanstère, ont mieux réussi? Que l'on nous cite les fondations morcelées ou féodales, civiles ou militaires, qui ont fait aussi bien en aussi peu de temps?

En nous exprimant avec cette netteté, nous n'entendons pas désavouer les sentiments d'un grand nombre d'actionnaires et de fondateurs, du Directeur lui-même et de ses principaux auxiliaires. Il est vrai qu'ils ont puisé leur courage et leur confiance dans des idées plutôt que dans la spéculation? Et aurait-on mieux aimé ne trouver en nous que des faiseurs d'affaires?

En dehors des disciples de l'école sociétaire, qui donc dans le monde présent eût tenté de fonder la colonisation de l'Algérie sur les principes de l'association? Prôné par tous, ce principe n'est appliqué par personne; si plusieurs d'entre nous l'ont courageusement pris pour devise et proposé, à leur risques et périls, comme le salut de l'Algérie, est-ce un mal?

Quelle conséquence pratique en est-il résulté? Ils ont emprunté aux théories phalanstériennes ce qui pouvait convenir à la situation donnée, l'affranchissement du travailleur, et son admission aux bénéfices de son travail de concert avec le capital ; ils ont laissé le reste à d'autres temps.

Non, nous ne faisons pas un phalanstère : gloire ou péril, l'initiative en appartient à ceux qui ont conquis le droit par leurs travaux et leurs sacrifices, et loin de nous la pensée de détourner de ce but les capitaux et les hommes qui lui sont destinés.

Ce que nous réalisons a un caractère de moindre perfection, et par là il doit satisfaire moins complétement ceux qui poursuivent et espèrent la prochaine réalisation d'un idéal supérieur ; mais par ses imperfections même, il peut complaire à tous ceux bien nombreux encore, qui ne demandent à l'Association qu'un principe suprême d'inspiration et d'organisation, à tous ceux qui craignent que leur idéal ne se réalise pas de si tôt, et qui pensent que toutes les formes du progrès social méritent encouragement à titre d'écoles d'applications, d'expériences sociales, de transitions. Quiconque a patroné les crèches, les salles d'asiles, les colonies pénitentiaires et d'éducation, les asiles pour la vieillesse, quiconque a réclamé la dignité de la femme et le libre essor de l'enfance, tous ceux encore qui désirent l'affranchissement et l'organisation du travail asservi au capital, nous doivent leur concours moral et pécuniaire ; car notre entreprise réalise sur une grande échelle, et dans un plan d'ensemble, toutes ces améliorations diverses. Et ils y trouveront cet avantage qu'au lieu d'un sacrifice pur et simple, leurs dons acquerront une vertu reproductive qui leur a manqué jusqu'à présent.

Que les hommes voués à la cause sainte du progrès humain pèsent bien dans leur conscience les chances de notre œuvre, et qu'ils se demandent si jamais cause meilleure mérita plus de sympathies, de sympathies efficaces entendons-nous dire, et non pas seulement sentimentales. En quel pays, en quel temps trouvera-t-on trois mille hectares gratuitement acquis d'une terre d'une exubérante fécondité, des chutes d'eau et des irrigations toute l'année, également gratuites, sous le plus beau climat du monde, au voisinage de débouchés assurés et facilement abordables, assez loin de la foule pour que les oisifs ne viennent pas importuner et les malveillants discréditer, assez près néanmoins pour être abordable à tous visiteurs sérieux.

Et où trouverait-on encore ces contrastes si curieux des religions, des races, des peuples divers qui parsèment la vie réelle de ces scènes que les poètes rêvent en Europe, cette absence de tradition et de préjugés, cette liberté absolue d'allures, cette complaisance des esprits, ces infinies variétés de situation qui permettent de tout tenter à la seule condition de réussir ?

Craindrait-on que notre succès n'eût pas tout le retentissement nécessaire pour le rendre efficace ? Que l'on se rassure. Réussissons dans la campagne prochaine, et le lendemain tous les journaux de France et d'Europe proclameront nos louanges. Ne comprend-on pas que l'Algérie est aujourd'hui plus en spectacle que la France elle-même, et qu'un succès en ce pays, moins perdu dans la confusion des bruits, sera non moins éclatant par le haut intérêt que la France et l'Europe attachent à la colonisation algérienne ?

Vienne un succès, et le gouvernement, désormais éclairé sur le meilleur mode de colonisation, imposera à tout demandeur en concession des clauses pareilles aux nôtres, et sous peine de n'avoir pas de bras, ou de n'avoir que des bras de rebut, les colons seront obligés de faire eux-mêmes aux travailleurs une plus large part dans les produits et une plus digne existence. Vienne un succès, et les chefs actuels de la Colonie ouvriront hardiment en Algérie la croisade contre le morcellement et la féodalité, donnant à leurs paroles l'autorité suprême des faits. La France elle-même, quand elle saura par ses voyageurs, son armée, ses correspondances, ses journaux, par le gouvernement enfin, qu'à ses portes les familles vivent heureuses au sein d'une belle Colonie, que les enfants y reçoivent tous une éducation affectueuse et intelligente, que les femmes, affranchies par leur travail lucratif, y disposent de leur cœur et de leur main, la France ne résistera pas à la contagion de l'exemple ? Vienne donc un succès, et les statuts de l'Union, répondant à un besoin du siècle, comme aux origines du christianisme la règle de saint Benoît, deviendront un type sur lequel se régleront par centaines les fondations de l'esprit moderne.

Ne craignons pas d'envisager notre œuvre dans toute sa beauté : dans les grands sentiments se puisent les grands courages. Nous entreprenons, sous une forme particulière et locale, à titre de colonisation algérienne, l'œuvre sociale la plus grande qui ait été tentée jusqu'à ce jour dans l'humanité : la fondation d'une société sans maîtres et sans prolétaires, sans misérables et sans victimes, associant les cœurs et les bras, reconnaissant les droits et les intérêts, réconciliant le capital et le travail, ces vieux ennemis de six mille ans, ennoblissant la destinée des femmes, de l'enfant et du vieillard, élevant la condition de la bourgeoisie et du peuple aussi abaissés l'un que l'autre. Nous constituons une commune avec tous les éléments de la vie sociale, ménage, culture, industrie, commerce, éducation, sciences, arts, administration, sous des formes et avec des ressources très-imparfaites sans doute, mais avec toutes les chances de développement que la Providence réserve aux fruits de justice et de vérité. Nos modestes débuts n'abdiquent aucune espérance.

Voilà l'œuvre que la féodalité financière se propose d'absorber à son profit, l'œuvre qui pourrait échouer par sa propre impuissance si elle était abandonnée de ses amis !

Pour déjouer les projets de la féodalité financière, il faut que la majorité nous soit acquise dans les assemblées et les conseils, et c'est pourquoi nous demandons qu'au 10 février prochain, 1,200 actions soient souscrites et réglées; alors seulement nous serons sûrs de ne pas travailler pour les autres.

Pour ne pas échouer par impuissance, il faut qu'un capital de 120 mille francs au moins soit assuré pendant 5 ans. Sur ce pied-là, nous arriverons, quoique péniblement.

Si le fonds social tout entier était souscrit, avec deux cent mille francs versés par an, nous atteindrions honorablement notre terme fatal de 5 ans.

Si, dans nos rangs éclatait un élan énergique, et qu'un fonds de 500,000 fr. fût constitué trois années de suite, une période de 5 ans nous suffirait pour atteindre triomphalement notre but, et *nous montrerions au monde ce qu'il n'a pas encore vu, le spectacle de la prospérité matérielle associée à la grandeur morale*, au sein d'une commune sociétaire, heureuse et puissante.

Il est une quatrième chance, celle d'une retraite, que nous ne rappelons pas, nous ne pouvons craindre d'y être condamnés.

Que nos amis consultent leur conscience et leur courage !

Le moment est grave : c'est une question de vie ou de mort pour le principe d'association.

Ou il est écrit dans les destins que longtemps encore l'humanité ne présentera que le tableau de sociétés livrées au vice, au crime et à la misère; et alors replions nos espérances, notre heure n'est pas venue;

Ou l'heure de la renaissance a sonné, et il est temps d'affranchir les faibles et les opprimés, de rapprocher les races, de proclamer en fait et en droit la liberté de l'homme, de dompter la nature par le travail organisé. — Et alors ne défaillons pas à notre destinée, et que la colonisation sociétaire de l'Algérie devienne le signal d'une ère nouvelle.

Nous nous étions engagés à faire connaître exactement la situation de notre Société. Nous venons de remplir notre promesse, et chacun possède aujourd'hui toutes les données qui lui permettront d'asseoir sa conviction sur l'avenir qui nous attend. Ce que nous avons fait déjà pour féconder notre concession, ce que nous ferons demain, ce que nous nous proposons de faire ensuite, si l'argent ne nous fait pas défaut, on le sait, comme nous le savons nous-mêmes.

Nous pouvons hardiment proclamer que nous ne négligeons rien pour le succès; que chacun nous imite, que chacun travaille à nous créer de nouvelles ressources jusqu'à ce qu'il puisse en conscience rendre de lui-même un pareil témoignage, et notre œuvre sera bientôt en pleine mer, à l'abri de tous les écueils.

Besançon, le 15 décembre 1847.

LES MEMBRES DU CONSEIL D'ADMINISTRATION.

P. S. Par la publication large et complète qu'il fait aujourd'hui, le Conseil de l'Union agricole entre dans un système de publicité franche et loyale. Il doit y persévérer. Aussitôt qu'il le pourra, ses publications deviendront périodiques. Une *Chronique de l'Union* mettra les Actionnaires au courant des progrès de l'œuvre importante à laquelle ils ont prêté leur concours pécuniaire et leur appui moral. Elle sera recherchée aussi par tous ceux que préoccupe la grande question de l'Association, ce vœu de notre siècle, et qui seule fournit les moyens de concilier tous les intérêts légitimes.

ADMINISTRATION DE LA SOCIÉTÉ.

Conseil d'Administration à Besançon.

MM.
1. Renaud (Hippolyte), capitaine d'artillerie, *Président*.
2. Ballard (Claude), capitaine du génie.
3. Grime (Adolphe), capitaine d'artillerie.
4. Fachard (François), capitaine en retraite et propriétaire.
5. Langlois (Gabriel), avocat.
6. Besson (Auguste), avoué,
7. Ordinaire (Edouard), D.-M., *professeur à l'école de médecine*.

Comité de Surveillance à Oran.

MM.
1. Walsin-Esterhazy, colonel, directeur des affaires arabes, *Président*.
2. Azema de Mongravier, capitaine d'artillerie, attaché aux affaires arabes.
3. Boyer, adjoint au maire d'Oran, membre de la chambre de commerce.
4. Vernet, inspecteur des douanes, membre de la commission administrative.
5. Terras, président de la chambre de commerce, membre de la commission administrative.
6. Freixe, membre de la chambre de commerce et de la commission administrative.
7. Andrieu, membre suppléant de la chambre de commerce.
8. Bonfort, membre de la chambre de commerce.
9. Duponchelle, chirurgien militaire, attaché aux affaires arabes.
10. De Balsale, sous-inspecteur des douanes.
11. Vitou, receveur principal des douanes.
12. Si-Améda, mufti d'Oran.

Direction de la Colonie à l'Union du Sig.

MM.
1. Gautier (Henri), capitaine d'artillerie, Directeur.
2. Duval (Jules), ancien magistrat, Administrateur.

LISTE

Des correspondants et délégués auxquels on pourra s'adresser pour les souscriptions d'actions, versements de fonds, demandes de renseignements, etc.

FRANCE.

ARLES. Gauthier, contrôleur des contributions directes.

BESANÇON. Faney (Charles), rue Neuve, 8.

BORDEAUX. Caseaux, de la maison Jonhston et compagnie.

BREST. Feillet, lieutenant de vaisseau; Kerjegu, banquier.

CAHORS. Courbebaisse, ingénieur des ponts et chaussées.

CLERMONT. Guilleraut, contrôleur des contributions.

COLMAR. Griess frères, négociants.

DIJON. Mourgue, agent-voyer en chef.

GRENOBLE. Guillot, capitaine d'artillerie.

LIBOURNE. Brocq, greffier de la justice de paix.

LOCLE. Dubois, Williams, fabricant d'horlogerie.

LORIENT. Piriou, lieutenant de vaisseau, rue d'Orléans, 23.

LYON. Mademoiselle Aimée Beuque, rue du Commerce, 1; MM. Guyon et Olivier, banquiers, rue du Garet, 5.

MARSEILLE. Spies, maître de pension, rue du Paradis, 113.

METZ. P. de Boureulle, capitaine d'artillerie.

MONTPELLIER. Bouchet-Doumencq, propriétaire.

NANTES. Duchalard, ingénieur des ponts et chaussées; Simon, rue du Gigant, 52.

NIMES. Donnédieu de St.-André, propriétaire.

PARIS. Chevé (Emile), D. M., rue St.-André-des-Arcs, 60.

PÉRIGUEUX. Senson, agent-voyer.

ST.-ETIENNE. Tiblier, négociant.

STRASBOURG. Pays, capitaine d'artillerie; Hect (Charles), directeur des assurances.

ALGÉRIE.

ALGER. Juillet Saint-Lager, capitaine d'artillerie.

BONE. Saiget, médecin en chef de l'hôpital militaire.

CONSTANTINE. Chambeyron, capitaine d'artillerie.

MASCARA. Guillien, garde d'artillerie.

MOSTAGANEM. Garnier, capitaine d'artillerie.

ORAN. Walsin-Esterhazy, colonel du 2e chasseurs, Directeur des affaires arabes, et Sauzède, notaire, trésorier du Comité.

PHILIPPEVILLE. Ringger de la Lime, vérificateur des douanes.

TLEMCEN. Auger, capitaine d'artillerie.

Les versements se font :

1° En numéraire chez les correspondants et délégués du Conseil ;

2° En billets négociables à courte échéance sur une place de commerce, à l'ordre de M. Charles Faney, secrétaire du Conseil d'administration, r. Neuve, 8, à Besançon ;

3° En mandats sur la poste ;

4° Enfin les Actionnaires pourront autoriser le Conseil à tirer sur eux sans frais.

5° Le Directeur et l'Administrateur de l'Union sont aussi autorisés à recevoir les fonds et mandats, lorsqu'il en résulte quelque facilité pour les Souscripteurs.

Besançon, Imp. de Sainte-Agathe.

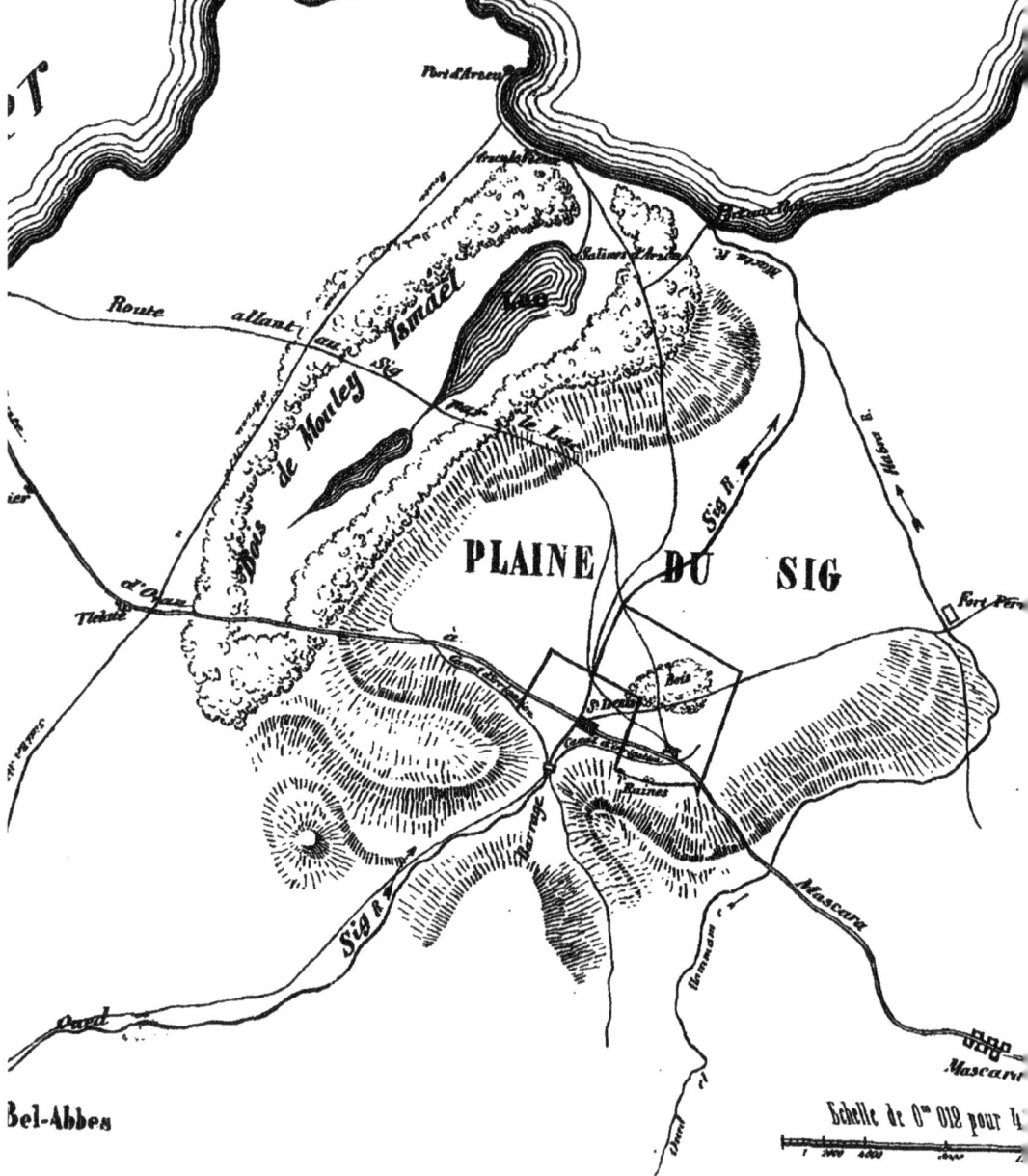

Méditerranée

Port d'Arzeu

Salines d'Arzeu

Route allant au Sig

Ismaël

Vallois de Mouley

180

PLAINE DU SIG

d'Oran

Tlélat

Fort Péro

Bois

St. Denis

Ruines

Mascara

Sig R.

Oued

Bel-Abbes

Mascara

Échelle de 0ᵐ 018 pour 4

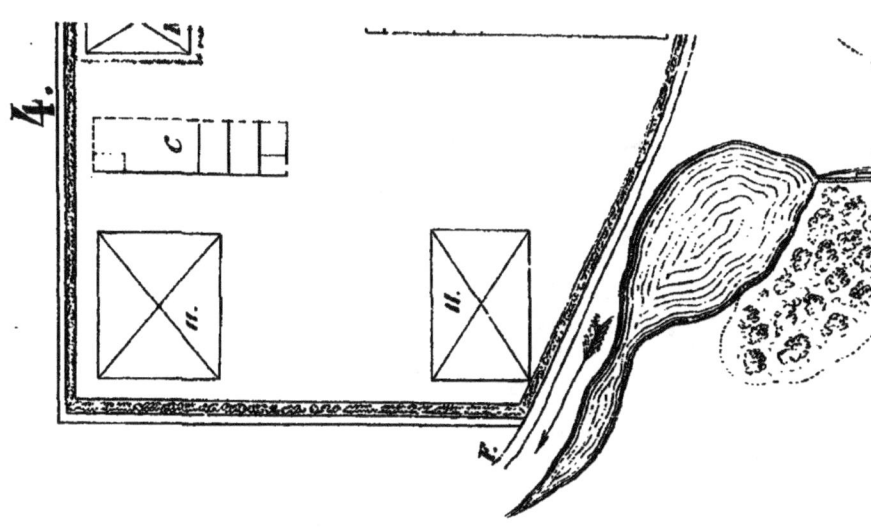

J. Meules de blé, non décapées,
K. Meule de paille.
L. Parc pour les moutons, cochons et bêtes
F. Canal secondaire.
D. Fontaine ombragée par un massif de
à abreuver les bêtes, bassin pour la
E. Pépinières et jardins (5 hectares) alla

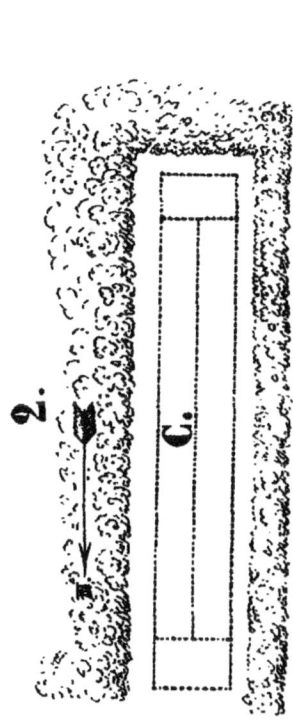

300 grands silos destinés à recevoir les céréales, ces silos peuvent contenir
140 mille quintaux d'orge ou de blé.
Les Pépinières de Boufarick ont fourni cette campagne plus de 20 mètres
cubes de figures.

2. C. BATIMENTS NON RESTAURÉS, également entourés de
Figures (entrées hôpital d'Abdel Kader), dans les murs de cette construction
sont debout pour l'extérieur et suffisait de leur couvrir

3. D. MOULIN A FARINE en construction.
1 Cour du moulin.   4 Prise d'eau du moulin
2 Grand canal.   5 Retenue d'eau et moulin dans le canal
3 Chute du grand canal.   6 Route de Mazava.

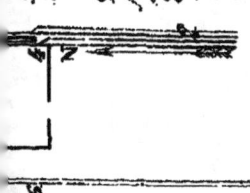

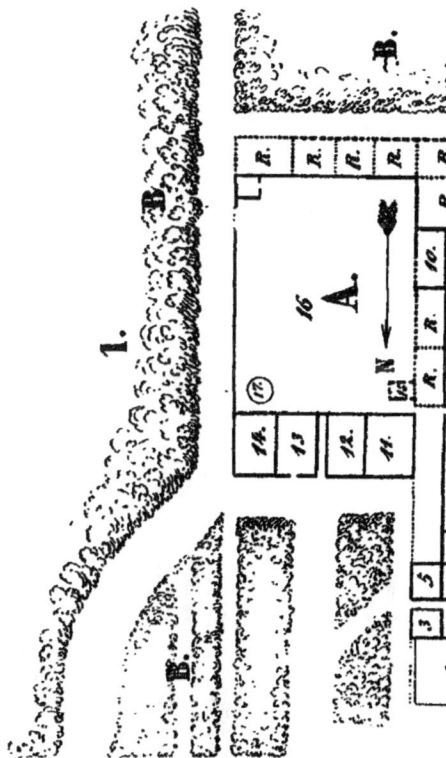

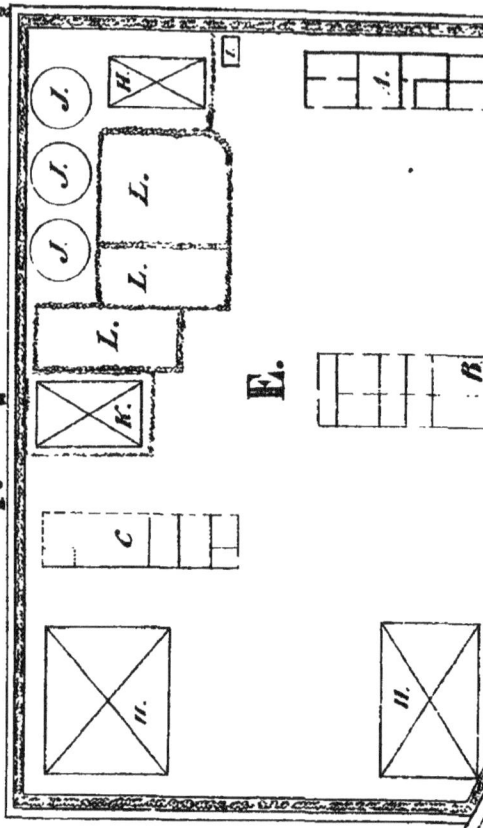

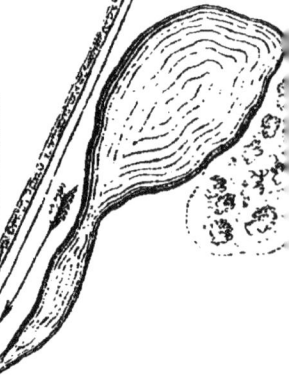

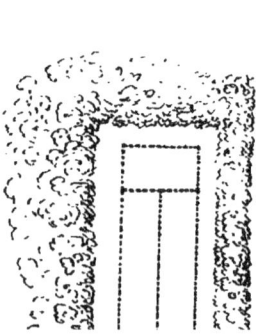

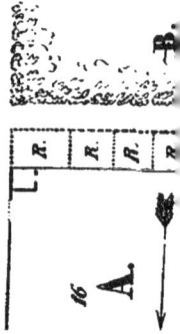

17 Puits
R. Portion en réservoirs.
...erie de 8 hectares de superficie renfermant...
...la citadelle ces silos peuvent contenir...
en de blé.
...tous cette campagne plus de 20 mètres
...bes de figues.
ON RESTAURES, gisement entouré de...
...d'hôtel, dans les murs de cette construction...
...r et suffrait de la couvrir.
ABINE en construction.
4. Prise d'eau du moulin
5. Rentrée des moutons du soir/soleil.
6. Route de Mascara.

PLAN
...ble de la propriété
...l'Union

...propriété de l'union.
...de la prairie, construites
...porte en bois Défenseur
...teur &c.
...Arithmétique Jardin
...nd de clos :
...eau en réservois de lard...

...l'eau avec parties
...trans
...eux vastes
...d'antibus à
...taille inférieure
...ture &c.
...elle de moulin
...de la prise d'eau
...al secondaire Y
...peut écrivaient
...meteur
...tumerie.
...laines en prairie
...cultivés ou
...éleve cette compagne
...uraux plantes
...ségars retré
...chantre

N

5

B

TERRITOIRE DE L'UNION

c

c

c

c

T

T

TERRITOIRE

N° 4.

UNION AGRICOLE D'AFRIQUE.

CONSEIL D'ADMINISTRATION.

MM.

Renaud, Hippolyte, capitaine d'artillerie, *Président*.

Ballard, Cl., capitaine du génie.

Grimes, Adolphe, capitaine d'artillerie.

Fachard, François, capitaine en
retraite, propriétaire.

Traut, Ch., agent-voyer-chef.

Langlois, Gabriel, avocat.

Besson, Auguste, avoué.

Ordinaire, Edouard, P. M. professeur à l'école de médecine.

De Bourbulle, Paul, capitaine
d'artillerie.

Notaire, Mᵉ Dumay.

Banquiers de la Société, MM. Détrey, Mairot et Cⁱᵉ, Grande-Rue.

Secrétaire, M. Charles Faney.

On souscrit à Besançon, au siège de la Société, rue Neuve, 8.

Les lettres et demandes doivent être adressées *franco* à M. le Secrétaire de l'Union agricole d'Afrique.

LE CONSEIL D'ADMINISTRATION AUX ACTIONNAIRES.

Dans notre rapport du 15 décembre 1847, nous avons exposé la
situation de la Société avec une franchise qui a pu paraître dange-
reuse à quelques-uns, mais dont, en définitive, nous avons eu lieu
de nous féliciter.

Les actionnaires ont en effet répondu en faisant de généreux
efforts pour accroître nos ressources, et chaque jour nous enregis-
trions de nouvelles souscriptions lorsque la révolution de février,
en éclatant, a suspendu pour un moment toutes les adhésions sur
lesquelles nous pouvions compter encore.

Dès lors nous avons dû ralentir le mouvement que nous avions
imprimé d'abord aux travaux de la colonie, et nous attendrons,

pour reprendre une marche plus vive, des circonstances plus favorables.

Nous avons ralenti, mais non pas arrêté....., et la Colonie a fait, dans ces derniers temps, des progrès remarquables.

Cultures. — Aujourd'hui, 250 hectares de terres sont défrichés et cultivés. Parmi eux, 111 hectares, ensemencés en blé et en orge, sont en partie récoltés et produiront environ 1700 quintaux métriques de grains. Ces grains vendus à l'administration 23 fr. le quintal de blé, 14 fr. le quintal d'orge, donneront une somme de 28,000 fr.

Nous avons augmenté notre bétail au moyen d'achats et de cheptels, mais non encore de manière à le mettre en rapport avec l'importance de notre exploitation.

Les plantations en arbres, vignes, etc., continuent et promettent, pour un avenir prochain, de beaux résultats.

Constructions. — Notre moulin est construit. Il peut recevoir quatre tournants, mais deux seulement sont établis. Avec ces deux tournants, s'il ne chômait jamais, il nous rapporterait 100 fr. par jour; mais nous sommes loin encore de cette période d'activité. Cependant les grains y viennent déjà, et, après la récolte, ils arriveront beaucoup plus abondants. Pendant bien des années, d'ailleurs, notre moulin sera le seul du pays.

Nous avons dû commencer le mur d'enceinte. Il aura 1,400 mètres de développement, il est construit sur un sixième de sa longueur. Il doit nous protéger efficacement, et contre une attaque à force ouverte peu probable, et contre le vol. Nous l'utiliserons d'ailleurs en lui adossant des hangars qui serviront de magasins, d'écuries, d'étables et même d'habitations provisoires.

Finances. — L'Etat vient de nous concéder 5,000 fr. pour premier à-compte de l'indemnité qui nous est due; nous en recevrons bientôt autant, peut être plus, si nous pouvons faire accepter notre moulin comme une construction d'utilité générale. Jusqu'à ce jour, l'enceinte seule a été regardée comme ayant ce caractère, qui nous donne droit à une indemnité proportionnelle à nos dépenses. (Voir l'ordonnance de concession.)

Les sommes versées par l'Etat nous serviront à continuer le mur d'enceinte, le produit des récoltes, *quand elles seront vendues,* peut faire vivre quelque temps la Colonie, si elle n'augmente pas son personnel, si elle n'entreprend pas du nouveau. Mais l'Administration n'a plus rien dans sa caisse, elle a dépensé jusqu'au dernier centime des sommes qu'elle a reçues pour versement des deux premiers cinquièmes des actions souscrites. Ces actions sont au nombre de 900; on peut regarder les deux premiers cinquièmes comme versés en totalité, parce que, si les uns sont en retard de paiement, d'autres sont en avance, ce qui établit, à peu près, une compensation.

Ainsi les travaux de colonisation ont absorbé depuis la constitution de la Société 180,000 fr., plus les dettes de la Société qui s'élèvent encore à 16,000 fr.

Nous avons pressamment besoin d'argent, d'abord pour les constructions, nos colons sont très-mal logés dans des baraques, dans les ruines restaurées; ils se plaignent de l'insuffisance de ces abris où ils ne sont pas suffisamment protégés dans leur repos, repos dont ils ont si grand besoin après des journées de fatigues. Nous devons promptement élever des habitations capables de recevoir, non-seulement de robustes pionniers, mais encore des femmes, des enfants, des familles en un mot.

D'ailleurs ne serait-il pas ridicule de n'enclore que le vide dans ce mur d'enceinte que nous élevons, qui sera terminé promptement.

Que nos amis fassent donc de nouveaux efforts pour nous trouver des ressources, soit en versant par anticipation, soit en souscrivant et faisant souscrire de nouvelles actions. Les membres du Conseil d'administration leur ont donné l'exemple, ils ont prouvé leur foi dans l'entreprise en faisant personnellement toutes les avances qu'il leur a été possible de faire. Mais, si leur dévouement persiste, leur bourse est épuisée, et le Conseil ne pourrait aujourd'hui faire face à la plus petite éventualité.

Qu'on se hâte de nous venir en aide, qu'on nous donne puissance de reculer l'appel du troisième cinquième auquel plusieurs peut-être ne pourraient répondre en ce moment.

L'Assemblée générale sera convoquée de manière à correspondre avec la fin de la campagne agricole, pour qu'il soit possible de présenter aux actionnaires tous les résultats des travaux de l'année.

Pour cette Assemblée nous faisons dresser un inventaire qui servira à établir les droits de chacun, actionnaires et travailleurs-associés, sur les bénéfices et la plus-value de la propriété.

On ne doit pas s'attendre cependant à toucher en espèces un dividende dès cette année. Nous avions fixé à 1,200 actions le minimum du capital réclamé par nous pour marcher, et 900 actions seulement sont souscrites. Avec ces actions nous nous sommes maintenus, mais nous ne pouvons détourner la plus faible somme de l'exploitation pour servir les intérêts.

En résumé, nous croyons toujours au succès. chaque jour il se dessine à nos yeux plus certain, plus rapproché. Que cet espoir soutienne nos amis, que leur dévouement réponde au nôtre, qu'ils n'abandonnent pas la Colonie à ses propres forces, à peine suffisantes pour qu'elle se soutienne quelque temps, sans avancer, sans remplir aucune des conditions qui lui sont imposées.

Nous demandons, nous espérons de promptes réponses. Notre responsabilité serait trop lourde si nous ne pouvions pas compter sur nos amis comme ils peuvent compter sur nous.

Pour le Conseil d'administration,

Le Président, H. RENAUD.

P. S. Nous devons prévenir les actionnaires que le Conseil, par délibération du 22 avril 1848, a nommé Membres adjoints du Conseil d'administration, avec voix délibérative :

MM. TRAUT, Charles, agent-voyer en chef du département du Doubs, et DE BOUREULLE, Paul, capitaine d'artillerie.

Cette adjonction était nécessitée par les circonstances qui pouvaient détourner inopinément de leurs fonctions plusieurs des anciens Membres. Il fallait assurer au siége de la Société un groupe assez nombreux d'hommes dévoués à l'œuvre et parfaitement au fait des antécédents des affaires de la Société.

Besançon, imprimerie de Sainte-Agathe.

UNION AGRICOLE D'AFRIQUE.

SIÉGE ET BUREAUX DE LA SOCIÉTÉ :

Rue Neuve, n° 8, à Besançon.

Besançon, le 1er octobre 1848.

Convocation de l'assemblée générale.

MONSIEUR,

En votre qualité d'actionnaire de la Société l'*Union agricole d'Afrique*, nous vous prévenons que l'assemblée générale s'ouvrira, cette année, au siége de la Société, le 20 novembre, à *midi*.

Nous vous prions de faire tous vos efforts pour prendre part en personne aux délibérations de l'assemblée, ou, du moins, de ne pas négliger de vous y faire représenter par délégation. Il est telle question que la majorité absolue des actionnaires peut seule résoudre.

A votre arrivée à Besançon, veuillez vous présenter aux bureaux de la Société, qui seront ouverts tous les jours, de neuf heures du matin à quatre heures du soir.

D'après les Statuts, les seuls actionnaires admis à voter sont ceux qui ont versé tous les cinquièmes échus et demandés, c'est-à-dire, aujourd'hui, les actionnaires qui, ayant souscrit avant le 10 août 1847, ont versé deux cinquièmes, et les actionnaires qui, ayant souscrit depuis le 10 août 1847, ont versé le premier cinquième.

Les actionnaires en retard doivent donc se mettre en règle avant le 10 novembre (1).

(1) Voir les Statuts, articles 17, 21, 23, 24, 26, 38, 39, 50, 53, 54, 55, 56, 56 *bis*, 57, 57 *bis*.

Appel du troisième cinquième.

Pour ne pas multiplier les circulaires, nous ferons servir cette lettre à double fin, en demandant ici que les actionnaires versent le troisième cinquième immédiatement après la clôture de l'assemblée générale.

Cette lettre doit donc être regardée comme la mise en demeure officielle du prochain versement à effectuer.

La Colonie, comme l'établiront les pièces et l'inventaire qui seront présentés à l'assemblée générale, est en voie de prospérité. Les défrichements, plantations, cultures se développent. Mais les colons n'ont pas encore d'habitations convenables.

C'est à la construction de ces habitations dans l'intérieur du mur de défense qui se poursuit, que nous consacrerons les sommes que nous avons encore à réclamer. Quand nous aurons des bâtiments en harmonie avec l'état des autres travaux de la Colonie, le succès de notre entreprise ne pourra plus être mis en doute par les yeux les plus prévenus.

Un changement important a eu lieu à la Colonie du Sig. Le Directeur fondateur de la Société, M. Henri Gautier, a dû se retirer pour rétablir sa santé compromise par les rudes travaux d'un premier établissement. En acceptant avec regret la démission du capitaine Gautier, nous lui avons donné pour successeur, et d'accord avec lui, le capitaine d'artillerie Garnier, sur le dévouement et la capacité duquel les renseignements les plus favorables nous étaient arrivés de toutes parts. M. le Ministre de la guerre a autorisé ces deux officiers à permuter, et le capitaine Gautier, à l'expiration de son congé de convalescence, rentrera à Oran, d'où il pourra suivre encore les travaux de la Colonie et servir la Société.

Pour les membres du Conseil :

Le Président,

H. RENAUD.

LISTE DES ACTIONNAIRES.

(Août 1848*.)

————◦◊◦————

MM.

Abadie, Benjamin, horloger, à Constantine (Algérie). 3.

Abd-el-Kader, Ben-Daoud, à Oran (Algérie). 3.

Ader, officier comptable, à Oran, id. 3.

Adrien, dit Bleur, Hippolyte, peintre-vitrier, à Marseille. 3.

Ahmed (Si), Ould Cadi, aga des Douaires, à Oran (Algérie). 3.

Allard, Emile, ingénieur des ponts et chaussées, à Nantes. 3.

Allard, Isidore, capitaine d'état-major, à Angers. 3.

Allaric, Jean-René, lieutenant de vaisseau, à Brest. 3.

Allary, Maurice, négociant, à Oran (Algérie). 3.

Ameline, Louise, à Paris. 3.

Andral, ingénieur de la navigation du Lot, à Cahors, 5.

André, charretier, à l'Union-du-Sig (Algérie. 2.

Andrieux, Joseph-Marie, négociant, à Oran, id. 3.

Anthony, Bernard-Charles-Papoul, capitaine d'artillerie, à la compagnie d'armuriers, à Oran, id. 3.

Arrachart (Mme veuve), propriétaire, a Metz. 3.

Artaud, Justinien-Joseph-Etienne, à Marseille. 3.

Artaud, Alfred-Victor, à Marseille. 1.

Assartes (des), Emmanuel, à Marseille. 3.

Audrieux (d'), Charles, membre supérieur de la chambre de commerce, à Oran (Algérie). 3.

Auger, Charles, chef d'escadron d'artil., à Paris. 1.

Babin (dame), Désirée, née Pelissier, propriétaire, à Marseille. 3.

MM.

Baille, J.-F., sous-lieutenant au 5e régt de ligne, à Mostaganem (Algérie). 3.

Bailly de Villeneure, Albert, propriétaire, à Montagney (Haute-Saône). 3.

Bolcum, Thomas-Edward, professeur de langue anglaise, à Brest. 3.

Ballard, Claude, capitaine du génie, à Besançon. 1.

Ballard, Guillaume-Jacques, docteur en médecine, à Besançon. 1.

Baptault, Camille, propriétaire, à l'Union-du-Sig (Algérie). 2.

Barannes, René, colon, à Oran, id. 3.

Barberet, Ch.-Fr., officier d'administration des subsistances, à Besançon. 1.

Burgain aîné, Augustin, notaire au Faouët (Morbihan). 3.

Barnier, travailleur, à l'Union-du-Sig (Algérie). 2.

Barraine, Jacob, propriétaire, à Oran, id. 3.

Barral, Léonie, pour Jeanne, sa fille, à Paris. 3.

Barrier, François, docteur médecin, à Lyon. 1.

Barthélemy, Jules-Etienne, géomètre, à Corbeil (Seine-et-Oise). 1.

Barthes, Marie-Prosper, lieutenant de vaisseau, à Toulon. 1.

Barthel, Armand, avocat, à Paris. 3.

Batsalle (G. de), inspecteur des douanes, à Oran (Algérie).

Baudet-Dulary, propriétaire, à Condé-sur-Vegres (Seine-et-Oise). 1.

Baudin, Augustin, aide-major, à Oran (Algérie. 3.

Baux, Achille-Jean, contrôleur de la marine, à Toulon. 3.

Bazin, Lucien-Gabriel, au Moulin-d'Élorne (Finistère). 3.

* Conformément à l'article 53 des statuts, le conseil d'administration joint à la lettre de convocation de l'assemblée générale la liste des actionnaires, avec indication de la catégorie à laquelle chacun d'eux appartient. Le chiffre qui suit le nom indique cette catégorie.

Le passage d'une catégorie à l'autre ne devant être prononcé qu'en assemblée générale, le conseil d'administration n'a pu s'écarter en rien de la classification établie pour l'assemblée générale. (Art. 26 des statuts.)

MM.

Beleguir, lieutenant de vaisseau, à Toulon. 1.
Belloton, Antoine, légiste, à Lyon. 3.
Benoit, Jules, manufacturier, au Pouliguen (Loire-Inférieure). 3.
Benoit, Edouard, maire, au Croisic, id. 3.
Berckeim (de), Sigismond-Guillaume, lieutenant d'artillerie, à la manufacture d'armes, à Mützig (Bas-Rhin). 3.
Bergier, directeur du mont-de-piété, à Besançon. 5.
Bernard, Charles, aide vétérinaire, à Mascara (Algérie). 3.
Bernard, François, à Oran, id. 1.
Bernard de Calonne, veuve Daly (Mme), à Paris. 3.
Bertholon, César, banquier, à Grenoble. 5.
Besson, Auguste, avoué, à Besançon. 1.
Beuque (demoiselle), Louise-Aimée, à Paris. 1.
Beuque, Félix, négociant, à Paris. 1.
Beuque fils, Charles, à Paris. 1.
Binet négociant, à Oran (Algérie). 3.
Biottot, officier d'administ., à Oran, id. 3.
Bizien, Edouard, capitaine de corvette, à Brest. 3.
Blanchard, négoc., à Oran (Algérie) 3.
Blondel, Paul-Emile, capitaine d'art., à Alger, id. 1.
Blondel, capit. commandant la 4e comp. de fusiliers de discipline, à Belle-Isle-en-Mer. 3.
Bodin, Célestin, lieutenant de vaisseau, à Oran (Algérie). 1.
Bodin, Henri, capitaine d'artillerie à Lyon. 5.
Boidron, coiffeur, à Genève. 1.
Boidron, Jenny (demoiselle), à Genève. 3.
Boidron, Louis, à Genève. 1.
Boiron, Jouany, dessinateur, à Lyon. 3.
Boiroux, Jeanne (demoiselle), à l'Union-du-Sig (Algérie). 5.
Boissiere Valleton (de), propriétaire, à Audenge (près Bordeaux). 1.
Bonamy, Pierre-Franç.-Mathurin, chef d'escad. d'artill., à Alger (Algérie). 1.
Bonford, Charles, à Oran, id. 3.
Bonnemère, Eugène, homme de lettres, à Angers. 3.
Bonvart, Adolphe, à Saint-Etienne. 5.
Bouchot, Auguste, maître de forges, à L'Isle-sur-le-Doubs. 3.
Boureuille (Peureux de), Paul-Charles, capitaine d'artillerie, à Paris. 1.
Bourguignolle, Alex.-Nicolas, à Quimperlé. 3.
Bourreiff, Amédée, négociant, à Paris. 3.
Bourson, Marie-Laurent, capitaine d'artillerie, à Constantine (Algérie). 3.
Bouvier, Jean-Ant., légiste, à Lyon, 5.
Boyer, *Puig et Maucgat*, banquiers, à Oran, id. 1.
Bragard (A. de), à Marseille. 5.

MM.

Brahemscha, interprète principal, à Oran (Algérie). 5.
Brest, Honoré-Marie, chirurgien-major, à Oran, id. 3.
Brou, Félix, direct. des postes, à Brest. 1.
Bruchet, Adolphe, ex - sous-officier de spahis, à Oran (Algérie). 3.
Buisson de Marerguier, Jacques-Franç.-Gustave, à l'Union-du-Sig. 1.
Buret, Paul-Auguste, officier de marine, à Lorient. 3.
Burin, Scipion-Pierre, à Oran (Algérie. 5.
Cabet, Jean, lieutenant à la 1re compagnie d'ouvriers constructeurs d'équipages militaires, à Mustapha, près Alger. 3.
Cady, Jean, négociant, à Lyon. 1.
Caroff, Ives, à Landivisiau (Finistère). 1.
Caron, vicaire général, à Alger. 5.
Caumont, Jean-Pierre, à Genève. 3.
Cazeaux, Pierre-Guillaume, à Paris. 1.
Chabron (Bertrand de), Marie-Etienne-Emmanuel, capitaine au 7e chasseurs à pied, à Metz. 1.
Chombeyron, Etienne, capitaine d'artillerie, à Oran (Algérie). 1.
Chautan de Vercly, Antoine-Adolphe, capitaine d'état-major, à Besançon. 1.
Charnottet, Léon-Charles-François, propriétaire, à Autrey (Haute-Saône). 1.
Chartron, Marie, née de May-d'Aulnay (Mme), à Oran (Algérie). 3.
Chasteau (de), consul-gén. de France, à Tanger (Maroc). 3.
Chaurin, Fr., propriétaire, à Lannion (Côtes-du-Nord). 3.
Chenerière, D., à Montbrillant, près Genève. 3.
Cherrier, François-Joseph-Louis, avoué, à Colmar. 1.
Cherassieux, J.-B., prop. à Montbrison. 5.
Cheré, Emile-Joseph-Maurice, docteur-médecin, à Paris. 1.
Clos, lieutenant de vaisseau, à Toulon. 1.
Colin, Aug., lieutenant au 8e chasseurs à pied, à Oran (Algérie). 3.
Collard aîné, Auguste-Jean-Baptiste, capitaine d'artillerie, à Metz. 1.
Collard, Alf. 3.
Collin, Nic.-Louis, docteur en médecine, à Landerneau (Finistère). 5.
Colton, Cl.-Pierre, officier au bataillon d'ouvriers, à Mascara (Algérie). 1.
Colombier, Jean-Baptiste, négociant, à Bordeaux. 1.
Converset, Jean-Auguste, sergent-major à la compagnie d'ouvriers, à Alger. 5.
Coquet, Michel, négociant, à Lyon. 1.
Corne, Jean-Et.-Chrysostôme, ancien ingénieur en chef du canal du Rhône au Rhin, à Dole. 3.
Coste, Adolphe, à Oran (Algérie). 1.
Courbebaisse, ingénieur des ponts et chaussées, à Cahors (Lot). 3.

MM.

Courbebaisse père, propr., a Cahors. 5.

Courbebaisse, sous-ingénieur de la marine, à Brest. 5.

Crepu, Albert, médecin, à Grenoble. 5.

Cros, Antoine-Joseph, lieutenant à la 1re compagnie d'ouvriers d'artillerie, à Alger. 1.

Crottet, Jenny, marchande, à Oran (Algérie). 3.

Cyroi, Charles, ferblantier, à Oran, id. 5.

Dampierre (de), s.-lieutenant de spahis, à Orléansville (Algérie). 5.

Decroix, officier d'artillerie, à Lyon. 5.

Dejeante, Séraphine (Dlle), à Paris. 3.

Delbrück, Jules, à Paris. 5.

Delmas, veuve, et son fils, à Autun. 5.

Demenou, Alphonse-Alex., negociant, à Oran (Algérie). 3.

Denicl, Jean-Marie, pharmacien, à Landivisiau (Finistère). 5.

Denis, Edouard, lampiste, à Angers. 3.

Desgodins, Charles-Hyacinthe, sous-insp. des forêts, à Metz. 5.

Despinassous, à Nimes. 1.

Deubel, docteur en médecine, à Colmar (Haut-Rhin). 5.

Derille, Adolphe, cap. d'art., à Metz. 5.

D'Herbel, Franç.-Louis, à Strasbourg. 1.

Dominget, chef de la pépinière, à l'Union-du-Sig (Algérie). 2.

Donnédieu de Saint-André, à Nimes. 1.

Droz, Séraphin, directeur de l'école primaire supérieure, à Besançon. 1.

Dubarry, Jacques, à Oran (Algérie). 5.

Dubessey de Contenson, Christophe, enseigne de vaisseau, à Brest. 1.

Duborcq, Charles, ingénieur des mines, à Bone. 5.

Dubois, Williams, propriétaire, au Locle (Suisse). 1.

Dubosq, serrurier, à l'Union-du-Sig (Algérie. 2.

Ducamp. Eugène, avocat, à Nimes. 5.

Duchaussoy, maréchal-de-camp, à Pau (Basses-Pyrénées). 1.

Duchesme, Ad.-Marie-Claire, à Nantes. 5.

Dufaud, Jacques-Marius, sergent-major à la 1re compe d'ouvriers d'artillerie, à Alger. 5.

Duguet, Jules-Fr., capitaine d'artillerie, à Alger. 1.

Duhoussay, chef d'escadron au ministère de la guerre, à Paris. 5.

Dulac, aide-major au 41e de ligne, à Oran (Algérie). 5.

Dumesnil, Auguste, sous-lieutenant au 8e bataillon de chasseurs à pied, à Oran, id. 5.

Dumortier, Eug., négociant, à Lyon. 1.

Dupanloup, travailleur, à l'Union-du-Sig (Algérie). 2.

Duponchelle, Charles, chirurgien sous-aide, à Oran, id. 5.

MM.

Durand père, propriétaire, à Oran. 5.

Durand, Joseph-Antoine, cultivateur, à Grou, près Rhodez (Aveyron). 3.

Dürbarrh, Geoffroy-Fréd., garde-mine, à Colmar (Haut-Rhin). 5.

Dusaërt, Edouard-Louis-Jos., capitaine d'artillerie, à Alger. 3.

Dural, Jules, ancien magistrat, administrateur, à l'Union-du-Sig (Algérie). 1.

Enout, Hippolyte, lieutenant de vaisseau, à Toulon. 5.

Estère, bottier, à Oran (Algérie). 5.

Eytel, J., député, à Lausanne (Suisse). 1.

Fabre, Jean-Guillaume, lieutenant au 2e escadron du train des équipages, à Mascara (Algérie). 1.

Fabry (de), Léopold, à Paris. 5.

Farhard, François, capitaine en retraite, à Besançon. 1.

Faney, Charles, à Besançon. 2.

Faure, Théophile-Jean-Aug.-Théodore, lieutenant au 2e d'artillerie, à Metz. 3.

Faure, Jules-Louis-Ant., inspecteur des télégraphes, à Marseille. 5.

Feillet, Jules, lieutenant de vaisseau, école navale, à Brest. 1.

Feray, Henri, lieut.-colonel aux chasseurs d'Afrique, à Ténès (Algérie). 1.

Ferraud, Jean-Bapt., pharmacien, à Marseille. 5.

Ferraud, J.-B.-Edouard-Alphonse, docteur-médecin, à Marseille. 5.

Fleurat, chancelier interprète du consulat général de France, à Tanger (Maroc). 5.

Foucault, L., à Paris. 1.

Foin, Maximin, professeur, à Besançon. 5.

Freixe, négociant, à Oran (Algérie). 5.

Gandil, E., lieutenant d'artillerie, à Orléansville (Algérie). 5.

Garnier, Jules-Anatole-Louis, capitaine d'art., directeur de l'Union-du-Sig. 1.

Garnot, Auguste-Théodore, chef de bataillon du génie, à Brest. 1.

Gary, Eugène-Emile, capitaine d'art., à Saint-Etienne. 1.

Gautier, Henri-Joseph, capitaine d'artil., ancien directeur de l'Union-du-Sig, à Oran (Algérie). 1.

Gautier, Joseph, propriétaire, à Givet (Ardennes). 1.

Gelinet, Ch., capitaine d'art., à Metz. 5.

Gelot, dessinateur, à Lyon. 5.

Gendron, commis-négociant, à Angers. 5.

Gervaise, à Brest. 1.

Gilliot, notaire, à Erstein (Bas-Rhin). 1.

Giraud, Aug., négociant, à Lyon. 5.

Giraud-Lesourd, propriétaire agriculteur, à Angers. 5.

Giret, Gustave, ingénieur des ponts et chaussées, à Cherchell (Algérie). 5.

Gossen fils, négociant, à Oran, id. 5.

Gournerie (Jules de la), ingénieur, à St. Nazaire (Loire-Inférieure). 5.

MM.

Gouy, Marie-Félix, capitaine d'artillerie de marine, à Brest. 5.

Graffin, Léopold, à Gd.-Lucé (Sarthe). 1.

Grillet aîné, négociant, à Lyon. 1.

Grimes, Adolphe-Joseph-Barthélemi, capitaine d'artillerie, à Besançon. 1.

Griess, Jean, nég., à Colmar (Ht.-Rhin).1.

Griess, Jean-Tobie, interprète à la Cour d'appel, à Colmar, id. 5.

Guinstrenne, François, aîné, à Brest. 1.

Guignard, Nic., liseur de dessins, chez M. Grillet, à Lyon. 5.

Guigonnet, Joseph-Pierre-Th., clerc de notaire, à Grenoble. 1.

Guillemet, Armand, à Nantes. 5.

Guillemet, Camille-Marg., à Nantes. 5.

Guillemet, Aug., sergent-major au 45e de ligne, à Constantine (Algérie). 5.

Guillerault, François-Paul, contrôleur des contributions dir., à Clermont. 1.

Guillien, Cl., garde d'artillerie, à Mascara (Algérie). 1.

Guillot, Pierre, capit. d'art., à Grenoble.1.

Guiraud, Alcide, à Oran (Algérie). 5.

Hache, docteur-méd., à Etampes (Seine-et-Oise). 1.

Hadery, Aug., ingénieur civil, à Lyon. 5.

Haméda (Si), Mufti, à Oran (Algérie). 5.

Held, David, instituteur, à Colmar (Haut-Rhin). 5.

Helmer, Marie (demoiselle), à Alger. 5.

Hotker, Gaston, à Graineville (Seine-Inférieure). 5.

Houitte, P.-Fr., pharmacien, à Brest. 5.

Hubert, Rose-Blanche (veuve), propriétaire, à Oran (Algérie). 5.

Husson, Auguste, à Oran, id. 5.

Illiers (d') de Patas, Léon-Arthur, chef d'escadron d'état-major, à Paris. 5.

Imbert, Fleury, doct.-méd., à Lyon. 1.

Ismaël-Ould-Kady, officier de spahis, à Oran (Algérie). 5.

Jacob, Fabien, poseur au chemin de fer, à Palleau (Cher). 5.

Jænger, Pierre-Paul, docteur-médecin, à Colmar (Haut-Rhin). 5.

Janet, Joseph-Aug., capitaine du génie, à Arzew (Algérie). 1.

Jobez, Alph., propr., à Siam (Jura). 5.

Juillet de St.-Lager, Th.-Eug., capitaine d'artillerie, à Alger. 1.

Juillet de St.-Lager, Berthe-Adélaïde, à Alger. 5.

Juillet de St.-Lager, Marie-Aglaé, à Alger. 5.

Julliet, pharmac. aide-major, à Mascara (Algérie). 1.

Jurin, docteur-médecin, à Grenoble. 5.

Kadour-Ben-Miloud, officier de spahis à Oran (Algérie). 5.

Lagarrique, notaire à Cahors. 5.

Lamarque, Léon-Jean-Baptiste-Thérèse, capitaine d'artillerie, à Alger. 1.

MM.

Langlois, Marie-Gabr., avocat à la cour d'appel, à Besançon. 1.

Lanoë (de) fils, officier de marine, à Cherbourg. 5.

Laromiguière, avoué, à Cahors. 5.

Lasry, Jacob, à Oran (Algérie). 5.

Latapie, travailleur, à l'Union-du-Sig (Algérie). 2.

Latourte, Louis-Alexis, à Paris. 1.

Laudet, P.-Fr., médecin, à Besançon. 5.

Laulanié, négociant, à Cahors (Lot). 5.

Lebreton, Victor, propriét., à Nantes. 5.

Lécart, Jules, chirurgien sous-aide, à Oran (Algérie). 5.

Lecaruyer de Loinserq, Charles-Eugène, capitaine d'art., à Oran (Algérie). 1.

Lechalas, Mederic, ingénieur des ponts et chaussées, à Nantes. 5.

Lechalas, Gustave, avocat, à Angers. 5.

Lechalas (veuve), propr., à Angers. 5.

Lecointre, Ed., sous-ingen. de la marine, à bord de la frégate l'Eldorado (station des côtes occidentales d'Afrique). 5.

Leroack de St.-Haouen, Louis-Ferd.-Eug., lieutenant de vaisseau, à Brest. 1.

Lepaire, Louis-Ad., negociant, à Paris. 5.

Leronge (madame), à Paris. 1.

Le Scauff, François, greffier de paix, à Landivisiau (Finistère). 5.

Lessan (de), lieutenant de vaisseau, à Brest. 1.

Lesseps, maire de la ville, à Oran (Algérie). 5.

Limousin, Noël, ingénieur, à Alger. 5.

Lobstein, A., boulanger, à Strasbourg. 5.

Lourel, Auguste, capitaine de corvette, à Brest. 1.

Lourel, Arsène-René, lieutenant de vaisseau, à Brest. 5.

Loy (madame), née Daly, pour sa fille, Camille-Geneviève-Aug., à Paris. 5.

Lugan, Jean-Laurent, chef d'escadron au 2e d'artillerie, à Metz. 1.

Lurque, Jose-Maria, bijoutier, à Paris. 5.

Mahomet-ben-Adri, agha des Solimans, à Oran (Algérie). 5.

Mailliard, Antoine, travailleur, à l'Union-du-Sig, id. 2.

Mairot, Félix, banquier, à Besançon. 5.

Maleplane, Léon, lieutenant de vaisseau, commandant le Vigilant, à Alger. 1.

Malcor, Victor-Marius, à Toulon. 5.

Mangeot, Marie-Raymond-Aug., ingén. des ponts et chaussées, à Lorient. 5.

Marchessau, Isid., chirurgien, à Oran (Algérie). 1.

Marcounet, Matthieu, dessinateur, à St.-Etienne. 1.

Margolle, lieut. de vaisseau, à Toulon. 1.

Marion, Ch., capitaine à la compagnie d'ouvriers d'artillerie, à Alger. 1.

Marnet, Aug.-Maxime, capitaine d'artil., à Alger. 1.

MM.

Maroni, J., à Marseille. 1.

Marquis, Frédéric-Fr., libraire, à Oran (Algérie). 3.

Martenel, capitaine d'artillerie, à Metz. 1.

Martin, Jean-B., capitaine d'artillerie, à Alger. 1.

Melrion, Ch., doct.-médecin, à Alger. 1.

Michaud, François, architecte, à L'Isle-sur-le-Doubs. 3.

Michel, Pierre-Aug., capitaine d'artil., à Paris. 1.

Mohammed (Si) Ben-Daoud, à Oran (Algérie). 3.

Mohammed-Ben-Kaïd, cadi, à Oran, id. 3.

Moh-Ben-Khrymal, à Tanger (Maroc). 3.

Moizin père, Bernard-Louis-Simon, ancien avoué, à Bourg. 1.

Molatier, à Velluire (Seine). 3.

Molk, Jean-Conrad, médecin, à Colmar. 1.

Mongellas, Franç.-Eugène, lieutenant au 2e d'artillerie, à Metz. 3.

Monnereau, René-Alcide, à la faculté de Montpellier. 3.

Montgravier (de), Azéma, capitaine d'artillerie, à Oran (Algérie). 1.

Montigny (de), Palamède-Charles, vérificateur des douanes, à Brest. 3.

Montjarret de Kergégu, nég., à Brest. 3.

Montréal-Alloureau,capitaine au 11e d'artillerie, à Toulouse. 1.

Montrond (de), François, capitaine d'artillerie, à Lyon. 3.

Montrond (de), Victor, capitaine d'artillerie, à Lyon. 3.

Morellet, Marie-Alph., avocat, à Lyon. 3.

Morgera, Franç., nég., à Mostaganem. 1.

Mottu, D., fabricant, à St.-Etienne. 3.

Moureau, négociant, à Oran (Algérie). 3.

Mouton, Félix, officier d'administration, à Alger. 3.

Muiron, Just, propriétaire, à Besançon. 3.

Muiron, Just, pour Just Perrier, à Besançon. 3.

Muiron, Just, pour Jean-Bapt. Léontre, à Besançon. 3.

Muiron, Rosa, à Besançon. 1.

Munier, Clara, à Londres. 3.

Mussy (J. de) Gueneau, lieutenant au 7e d'artillerie, à Sampans (Jura). 3.

Noyon, Edward-Antoine-René, ingénieur des ponts et chaussées, à Lorient. 3.

Ordinaire, Jos.-Hubert-Ed., professeur à l'école de médecine, à Besançon. 1.

Padel, Jean-Baptiste, passementier, à St.-Etienne. 3.

Paganon, Victor-Hippolyte, conseiller à la cour d'appel, à Grenoble. 3.

Paradis, Hipp., fabricant, à Nantes. 3.

Parent, Hortense (madame), à Paris. 3.

Parent, Eug. (mademoiselle), à Paris. 3.

Patillon, capitaine d'artillerie, à Morlaix (Finistère). 1.

Paturel, Eugène, avocat, à Grenoble. 3.

MM.

Paultre de Lamotte, lieutenant au 4e d'artillerie, à Oran (Algérie). 3.

Pélisson, Jean-François, capitaine d'artillerie, à Alger. 1.

Péroldi, pharmacien, à Oran (Alg.). 3.

Perchais, propriétaire, à Nantes. 3.

Perrichon, César, contrôleur d'armes à la manufacture nat., à St.-Etienne). 3.

Perrier, J.-Ant., percept., à Geneuille. 3.

Perrin, Arnaud et Plantier, négociants, à Oran (Algérie). 3.

Peyre, Edouard, à Oran. id. 3.

Peyroutet père, à Miserghin, id. 3.

Peytral, J.-B.-Fortuné, docteur-médecin, à Marseille. 5.

Pierlot, François-Louis-Joseph, médec., à Jouaville (Moselle). 3.

Pierre, Guillaume, profess., à Lorient. 3.

Pierre, commandant d'art., à Oran. 5.

Pirain, Armand-Félix, capitaine d'artillerie, à Alger. 5.

Pirion, Louis-Constant-Marie-Jos.-Alex.-Aug., lieut. de vaisseau, à Lorient. 1.

Pleux, Alexandre, à Paris. 5.

Plunavergne, professeur de mathémat., à Cahors (Lot). 3.

Podesta, Jean-Baptiste, négociant et propriétaire, à Oran (Algérie). 3.

Pompery (de), Edouard, à Paris. 3.

Pontié, négociant, à Cahors (Lot). 5.

Porry, Charles, à Marseille. 3.

Pouliquen, J.-Fr.-Marie, à Landivisiau (Finistère). 1.

Priou, R., fabr. de chocolat, à Angers. 3.

Rade-Daudigné, à Angers. 3.

Raudon de Grolier, lieutenant de vaisseau, commandant l'Egyptus, à Marseille. 1.

Rapatel, Prosper-Jean-Louis, capitaine d'artillerie, à Alger. 1.

Ratte, Joséphine, à Besançon. 3.

Rebois, Raphaël, laboureur, à l'Union-du-Sig (Algérie). 3.

Renaud, Claude-Hélène-Hipp., capitaine d'artillerie, à Besançon. 1.

Renaud, Hip., pour madame H. M..... à Besançon. 1.

Renaud père, Claude-Jean, notaire honoraire, à Besançon. 1.

Rengguer de la Lime, vérificateur des douanes, à Philippeville (Algérie). 3.

Revol, Jean-Ant., tapissier, à Paris. 5.

Rey, Phil., négociant, à Oran (Alg.). 3.

Rey, Jean-Baptiste, à Genève. 5.

Richard, Charles-Florentin, capitaine d'artillerie, à Orléansville (Algérie). 5.

Richaud, Louis, négociant, à Oran, id. 3.

Richepin, Jules-Auguste, chirurgien sous-aide, à Oran, id. 3.

Rigollet, Frédéric, professeur de fabrication, à Nîmes. 1.

Risson, Jacques-François, propriétaire, au Crouzet (Ardèche). 1.

Robert, Louis-Em., huissier, à Alger, 5.

MM.

Roche, Léon, secrétaire de la légation française, à Tanger (Maroc). 3.
Rochel, Alphonse, à Oran. 3.
Rœsch, Charles, à Lyon. 5.
Ruger, Camille, lieutenant au 2ᵉ d'artillerie, à Metz. 3.
Roquefère (de) Gabriel, fils, à Caunes (près Carcassonne). 1.
Rosciano, Bernard, négociant et propriétaire, à Oran (Algérie). 3.
Rousseau, René, à Saint-Georges-le-Tourcil (Maine-et-Loire). 3.
Rossée, Victor, premier président de la cour d'appel, à Colmar, 1.
Rougier, Louis-Casimir, doct.-médecin, à Marseille. 1.
Rouley, Ed., sergent-major, au 13ᵉ régiment de ligne, à Constantine (Alg.). 3.
Saguier, Antoine-François, lieutenant de vaisseau, à Toulon, 1.
Suiget, chirurgien principal, à Bone. 3.
Sainte-Agathe (de), Louis-Ant.-Casimir, imprimeur, à Besançon. 1.
St.-Arnaud (de), maréchal-de-camp, en Algérie. 3.
Saint-Juan (de), Alex. à Besançon. 5.
Salomon (de), L.-Al.-Isidore, à Alger. 1.
Saltzmann, Gust., propr., à Colmar. 3.
Samie (de), négociant, à Oran (Alg.). 3.
Sanial Dufray, Gustave, à Oran, id. 5.
Satin, Jean-Pierre, à Oran, id. 3.
Saurel, pharmacien, à Oran, id. 3.
Savoureux, L., à l'Union-du-Sig, id. 2.
Schlumberger, Henri, à Mulhouse. 5.
Schmerber, J., dessinateur, à Lyon. 5.
Schmitt, J.-J., ex-greffier, à Colmar. 3.
Seiligmann, Raphaël, lieutenant d'artillerie, à Oran (Algérie). 1.
Sibour, Aug.-Fr., avocat, à Marseille. 1.
Silvis, Joseph, à Oran (Algérie). 3.
Simon, Cl.-Gabr., propr., à Nantes. 3.
Sonrel, Antoine, lithographe, à Neuchâtel (Suisse). 1.
Sonrier, Eugène, chirurgien aide-major, à Oran (Algérie). 5.
Soual, Jean, à Oran, id. 3.
Spies, Laurent, maître de pension, à Marseille. 1.
Standau, à l'Union-du-Sig (Algérie). 5.
Stura, Dom., propriétaire, à Oran, id. 5.
Tandonnet, Eugène, à Bordeaux. 1.
Tanguy, Michel-Pierre, pharmacien, à Landernau (Finistère). 5.
Taron, Etienne, confiseur, à Colmar. 3.
Tautrac, vice-consul de France, à Tétouan (Maroc). 3.
Teillard, Emilien, à Alger. 3.
Terras, Jacques, négociant, présid. de la chambre de commerce, à Oran. 5.

MM.

Thiébaud, Joseph, capitaine du génie, à Salins. 3.
Thiollat, à Oran (Algérie). 3.
Thomas, lieutenant d'artill., à Alger. 1.
Thomas, J.-F., à l'Union-du-Sig (Alg.). 2.
Tiblier, Pierre, négociant, à la Bérardière (près Saint-Etienne). 1.
T..... (madame), à Colmar. 3.
Torcy (de), Arthur, lieutenant de vaisseau, à Alger. 3.
Tournier, Ch., négociant, à Besançon. 3.
Traut, Charles, ingénieur, agent-voyer chef, à Besançon. 1.
Traut, Frédérique (mademoiselle), à Colmar. 3.
Trigant de Latour, Théodore, lieutenant d'artillerie, à Oran (Algérie). 3.
Trobriant (de), Jean-Denis, maréchal-de-camp, à Oran, id. 3.
Troyon, François-Désiré, lieutenant de zouaves, à Blidah, id. 3.
Valeton, Anaïs, à Brest. 3.
Valiron, chef de bataillon au 2ᵉ de ligne, à Mostaganem (Algérie). 1.
Vallis, ingénieur des ponts et chaussées, à Figeac. 3.
Valley-Parillard (mademoiselle), à Oran (Algérie). 3.
Varin-d'Ainvelle, Félix, ingénieur des ponts et chaussées, à Alais (Gard). 3.
Vauquelin, A., pâtissier, à Oran (Alg.) 3.
Véjux, major au 2ᵉ de chasseurs d'Afrique, à Oran, id. 3.
Vernet, insp. des douanes, à Oran, id. 3.
Vian-Canal, à Marseille. 3.
Villain, sous-ingénieur de la marine, à Brest. 3.
Villard, J., dessinateur, à Lyon. 3.
Villers, Marius-B., docteur-médecin, à Lorient. 3.
Vimont, Jos., propriétaire, à Rennes. 3.
Vimont, Ch., propriétaire, à Rennes. 3.
Vimont, Eugène-André, anc. négociant, à Nantes. 3.
Viton, Fortuné, receveur principal des douanes, à Oran (Algérie). 3.
Vuillemin, menuisier, à Besançon. 3.
Walsin-Esterhazy, Louis-Joseph-Ferd., colonel de spahis, directeur des affaires arabes, à Oran (Algérie). 1.
Wege, André-Frédéric, à Saint-Denis-du-Sig, id. 3.
Weiss, Judith, à Genève. 3.
Weiss, Adrienne, à Genève. 3.
Wolf, Joseph, chef du Bureau arabe, à Sidi-bel-Abbès (Algérie). 5.
Zipellius, G., à Mulhouse. 5.
Zurcher Frédéric, lieutenant de vaisseau, à Toulon. 3.

BESANÇON, IMPRIMERIE DE SAINTE-AGATHE.

No 7.

UNION AGRICOLE D'AFRIQUE.

───◆◆◆───

SIÉGE ET BUREAUX DE LA SOCIÉTÉ :

Rue Neuve, n° 8, à Besançon.

───◆───

CONVOCATION DE L'ASSEMBLÉE GÉNÉRALE.

Besançon, le 20 septembre 1849.

MONSIEUR,

Le Conseil d'administration de l'*Union agricole d'Afrique* vient vous donner avis que, conformément aux dispositions de l'article 53 des statuts, il a fixé au 10 novembre prochain l'ouverture de l'Assemblée générale des actionnaires, et vous prier d'assister à cette réunion.

Votre présence, Monsieur, sera d'autant plus nécessaire que des questions importantes, à la solution desquelles la majorité absolue des suffrages est indispensable, doivent être soumises à l'assemblée.

Les points principaux sur lesquels on devra délibérer sont les suivants :

1° Révision des statuts ;

2° Les moyens à employer pour assurer la marche de la Colonie d'une manière plus certaine;

3° Adoption d'un système définitif de constructions pour les habitations;

4° Décision à prendre à l'égard de quelques actionnaires qui ont déclaré renoncer à leurs actions ou refusé de verser les cinquièmes échus.

Le directeur de la Colonie, M. Garnier, sera présent à la réunion, et fournira les renseignements et détails nécessaires pour éclairer suffisamment toutes les questions qui y seront débattues, et prendre à la discussion une part active. Il importe donc de ne pas perdre le fruit du voyage qu'il entreprend, et les résultats seraient stériles, les opérations de l'assemblée paralysées, si celle-ci n'était pas en nombre suffisant.

Le Conseil d'administration, sans entrer dans des détails sur la marche de la Colonie, question qui sera traitée d'une manière spéciale et avec les développements désirables dans un bulletin qui vous sera adressé très-prochainement, se bornera à vous donner l'assurance que, grâce au zèle et au dévouement de la direction et à la présence à la tête du service de l'agriculture d'un chef d'une capacité éprouvée, la campagne prochaine promet de beaux résultats. Déjà les labours ont été exécutés sur une étendue de deux cents hectares, et on arrivera facilement à trois cents hectares, dont les récoltes garantiront de grands bénéfices. Mais pour obtenir ce résultat, il faut que les sommes mises à la disposition de l'administration soient en rapport avec l'importance des travaux, et permettent de maintenir un personnel de travailleurs suffisant pour assurer tous les services, et que nous ne soyons pas exposés à perdre, faute de bras, une partie de nos récoltes.

En conséquence, le Conseil fait dès aujourd'hui l'appel du quatrième cinquième des souscriptions, et vous prie instamment de faire tous vos efforts pour devancer les époques de versements et provoquer de nouvelles souscriptions d'actions.

L'avenir de l'entreprise dépend du montant des sommes dont nous pourrons disposer pour cette campagne. La Colonie a passé par les épreuves les plus difficiles et y a résisté. Encore un effort, et elle sortira triomphante et hors de toute atteinte ruineuse.

Si vous ne pouviez assister en personne à la réunion , veuillez nous adresser les pouvoirs nécessaires pour vous faire représenter.

Les statuts exigent l'envoi, avec la lettre de convocation à l'assemblée générale, de la liste des actionnaires, et cette formalité a été remplie l'année dernière. Mais cette liste n'ayant subi depuis que très-peu de modifications, le Conseil a pensé qu'il était inutile de se mettre en frais pour en renouveler l'envoi cette année.

Les actionnaires qui ont versé la totalité de leurs souscriptions pourront prendre leurs titres définitifs, ou faire savoir au Conseil s'il doit les leur envoyer par la poste.

Pour le Conseil d'administration :

Le Président , **E. ORDINAIRE.**

Besançon, imprimerie de Sainte-Agathe.

www.ingramcontent.com/pod-product-compliance
Lightning Source LLC
LaVergne TN
LVHW022026080426

835513LV00009B/893